CURSO DE
PIANO
PARA PRINCIPIANTES

Enséñate a leer música, tocar canciones famosas para piano, manual educativo y metodológico con 140 piezas

ISBN 979-8-218-92942-8

DEL AUTOR

El "Curso de Piano" está diseñado para su uso continuo en los grados inferiores de las escuelas de música infantil: preparatoria, primero y, parcialmente, segundo. Al mismo tiempo, el "Curso" puede convertirse en un manual de estudio para amantes de la música de cualquier edad que deseen adquirir de forma independiente las habilidades básicas de interpretación del piano.

Al seleccionar el repertorio del "Curso", el autor partió de la idea de que el destino musical de un estudiante depende en gran medida de sus primeras piezas interpretadas: si amará la música sincera y desinteresadamente o compartirá el destino de intérpretes indiferentes y mediocres. Por lo tanto, un músico principiante debe trabajar únicamente con ejemplos musicales, aunque sencillos, capaces de despertar un estado emocional elevado. Para satisfacer la demanda de material nuevo y entonacionalmente atractivo por parte de los profesores, el repertorio del "Curso" se compone de obras y arreglos de música original y folclórica de países de Europa Occidental y Norteamérica, seleccionados por los autores del "Curso" directamente en dichos países. El "Curso" incluye 140 piezas. El autor está convencido de que, al formar a un pianista principiante, es necesario integrar material musical con una melodía expresiva, armonía armoniosa, ritmo claro y elementos de construcción formal claros, tanto en la habilidad del profesor como en el talento del alumno. Esto le guió al compilar el repertorio.

Las piezas incluidas en el curso son de diferente carácter y estilo, seleccionadas con una complejidad gradual del contenido musical y los movimientos de interpretación, y completamente editadas.

Los autores consideraron apropiado incluir varias instrucciones metodológicas originales en el texto musical para que, al aprender las piezas, estas estuvieran en el foco de atención del alumno.

Para quienes prefieren el aprendizaje independiente, las secciones iniciales del "Curso" contienen material teórico breve, original y eficaz, que a la vez puede ser útil para el profesorado de escuelas de música de verano.

TABLA DE CONTENIDO

CAPÍTULO I

ANTES DE COMENZAR A TOCAR LAS PIEZAS

DOS PRIMEROS CONOCIDOS

¡Querido amigo! Antes de sentarte al piano, necesitas conocer mejor tus manos.

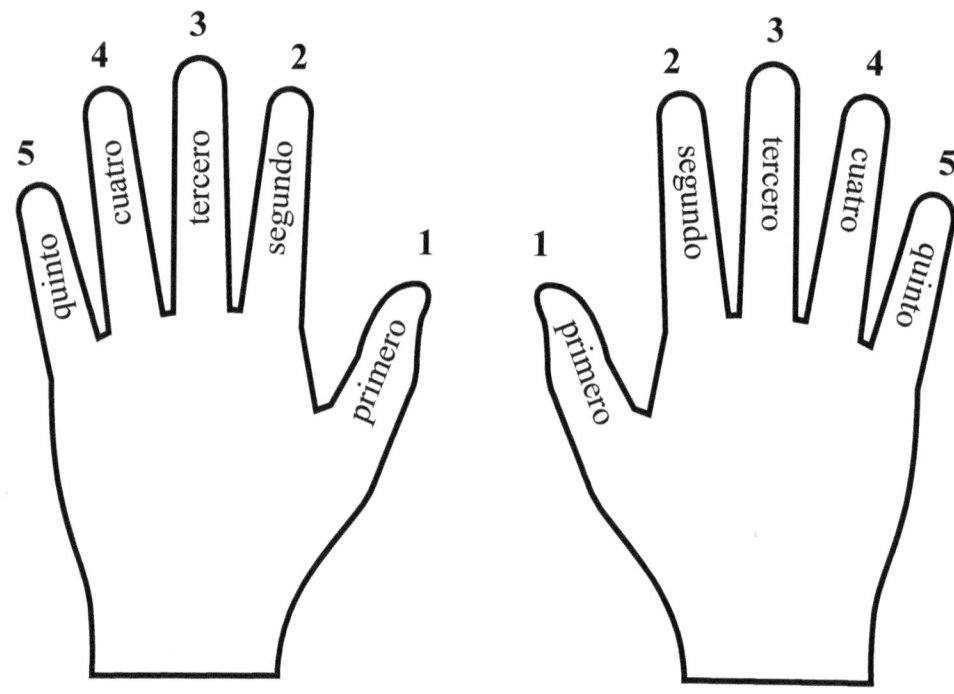

Antes de conocerlos, lávate bien las manos y córtate las uñas.

Siéntate a la mesa y abre un cuaderno escolar limpio. Coloca las manos con los dedos ligeramente separados sobre dos hojas abiertas. Traza tus dedos con un lápiz como en la ilustración.

Numera los diez dedos y escribe el nombre de cada uno. A partir de ahora, como un verdadero pianista, cada dedo tendrá su propio número. El dedo más fuerte, el pulgar, se llamará "PRIMERO" y se marcará con el número "1". El dedo más flexible, el índice, se llamará "SEGUNDO" y se marcará con el número "2". El dedo más largo, el dedo medio, se llamará "TERCERO" y se marcará con el número "3". El dedo menos ágil, el anular, se llamará "CUARTO" y se marcará con el número "4". El dedo más débil, el meñique, se llamará "QUINTO" y se marcará con el número "5". Recuerda estos nuevos nombres para tus dedos y, cuando te sientes al piano, no los llames de otra manera. Ahora, necesitas aprender dos ejercicios especiales y muy útiles para tus manos y dedos.

Ejercicio 1. Ponte de pie junto al piano, endereza la espalda y relaja los músculos de hombros, brazos y dedos. Lo ideal es relajar todo el cuerpo.

Sin moverte, gira el torso y los brazos relajados libremente en una dirección y luego en la otra. Deja que tus manos, muñecas y dedos rodeen tu cuerpo de forma natural al girar. Repite esto varias veces. Luego, para relajar completamente las manos, agita las muñecas varias veces, como si te las quitaras después de lavarlas.

Ejercicio 2. Coloca una silla con un asiento firme o semifirme (¡uno blando no funcionará!) frente a la tapa cerrada del piano. Siéntate en la silla y extiende los brazos hacia adelante de modo que tus dedos queden justo por encima del centro de la tapa. Sin forzar, curva y redondea los dedos de la mano derecha primero y luego de la izquierda, como se muestra en las ilustraciones.

Después de juntar y redondear los dedos, dóblelos y extiéndalos solo en las ARTICULACIONES SUPERIORES.

No presione los dedos, asegúrese de que no se peguen entre sí; deje suficiente espacio entre ellos. Sin embargo, tampoco es necesario separarlos demasiado.

Ahora, imagine que cada mano sostiene un pequeño adorno navideño de cristal muy fino. Sujete los adornos con cuidado, pero sin presionarlos ni forzarlos demasiado, ya que podrían romperse. Lenta y tranquilamente, relaje las articulaciones superiores de los dedos. Coloque con cuidado los adornos sobre la tapa del piano y, con las yemas de los diez dedos simultáneamente, toque la superficie de la tapa, como se muestra en la ilustración.

 ¡DOBLA Y DESDOBLA SÓLO AQUÍ!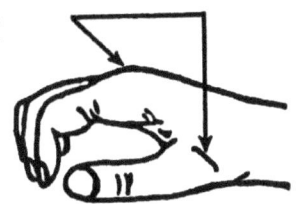

¡DOBLE Y EXTENDA LOS DEDOS SÓLO EN LAS ARTICULACIONES SUPERIORES!

Sin cambiar la posición de las muñecas (¡los dedos no deben pegarse!), presione suavemente las yemas de los 10 dedos sobre la tapa del piano y sienta cómo las puntas se apoyan contra ella. Luego, con calma, vuelva a colocar las manos en su posición original con los dedos extendidos.

Repita el movimiento varias veces: sujete los adornos de cristal imaginarios con los dedos redondeados de ambas manos y colóquelos sobre la tapa del piano, presionando ligeramente.

Asegúrese de realizar estos dos ejercicios útiles cada vez que se siente al piano.

Ahora es el momento de familiarizarse con su piano. Recuerde que el piano tiene un segundo nombre completo: FORTEPIANO. Este nombre proviene de dos palabras italianas: "forte" significa "fuerte", mientras que "piano" significa "suave". Es como si estas dos palabras discutieran: "¡Fuerte!", exclama forte; "Suave", susurra: "piano".

Pronto descubrirá por qué estas dos palabras están en conflicto. 1. Pide ayuda para abrir el panel frontal del piano y la tapa. Debajo de la tapa verás una larga fila de teclas BLANCAS y NEGRAS. Juntas, se llaman TECLADO. Observa el teclado y compáralo con la ilustración.

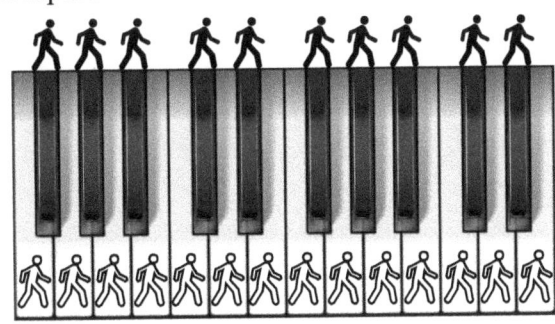

Las teclas blancas "marchan" una a una, estrictamente una tras otra, y las negras "van" en grupos: DOS y TRES. Por qué sucede esto, lo descubrirás más adelante.

Justo encima del teclado se alza un bosque de CUERDAS. Y junto a las cuerdas doradas y plateadas, suaves MARTILLOS se han congelado. También hay muchos martillos, porque cada tecla blanca y negra tiene su propio martillo.

Mira debajo del teclado. En la parte inferior verás dos pedales: derecho e izquierdo. A veces hay un tercer pedal entre ellos: el central. Al tocar el piano, tus pies están sobre los pedales, pero por ahora no tendrás que usarlos.

¡Recuerda! La tecla blanca, ubicada a la izquierda de las dos teclas negras y debajo de la cual se encuentra el pedal izquierdo en la parte inferior, se considera convencionalmente la tecla central de todo el teclado.

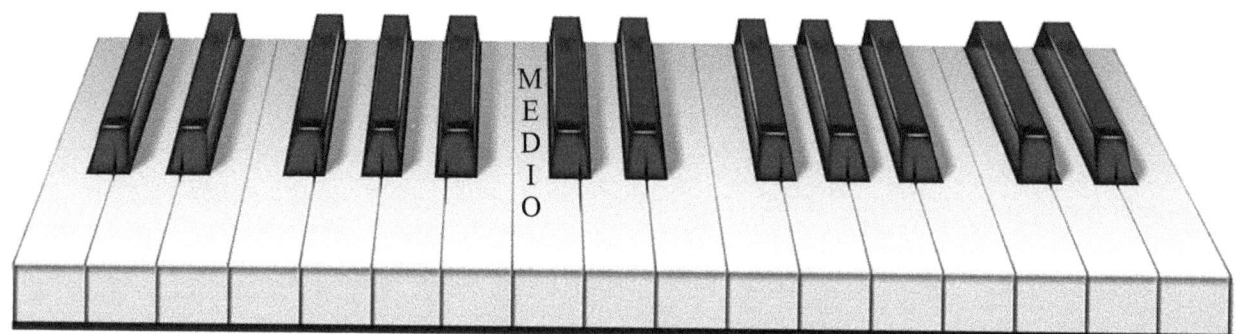

2. Ahora debes colocar correctamente la silla donde te sentarás al piano. Puedes usar una silla normal o una redonda, pero debe tener un asiento duro o semi duro.

La silla debe estar frente al centro del teclado. Una línea imaginaria que cruce el centro del asiento debe pasar entre los pedales del piano.

Extiende el brazo derecho hacia adelante. Mueve la silla hacia el piano de modo que su respaldo, o el del asiento redondo de la silla, esté aproximadamente a la distancia de tu brazo extendido del borde frontal del teclado. Siéntate en el asiento más cerca del borde de la silla, ya que al tocar el piano nunca te apoyas en el respaldo. Imagina que tus dedos sostienen bolas de cristal. Extiende ambas manos hacia adelante con los dedos redondeados. Coloca con cuidado las bolas sobre el teclado y toca el centro de las teclas blancas con las yemas de los dedos. En esta posición, no debes sentarte demasiado cerca del teclado, pero tampoco demasiado lejos. Debes sentarte a una DISTANCIA y ALTURA tales que la parte inferior de tus brazos, desde los codos hasta las manos, esté al nivel de las teclas, ni MÁS ARRIBA ni MÁS ABAJO. Tus codos también deben estar a este nivel o ligeramente más arriba. La altura de la silla atornillada es fácil de ajustar. Pero si la silla es normal, definitivamente debes elegir la altura adecuada para ti. Siéntate en la silla libremente, inclinándote ligeramente hacia adelante, pero sin encorvarte.

Mantén el cuerpo recto, pero no tenso. Si tus piernas llegan al suelo, deben estar rectas a ambos lados de los pedales y lo más cerca posible de ellos. Si tus piernas no llegan al suelo, necesitas elegir un taburete adecuado.

3. Sentado en la silla, estira los brazos hacia adelante. Justo por encima de la parte ancha y libre de las teclas blancas, rodea los dedos de ambas manos e imagina de nuevo que sostienes frágiles bolas de cristal. No doble ni fuerce demasiado los dedos.

Mientras mantiene las bolas en su lugar, baje el *segundo* dedo al mismo tiempo, como se muestra en la imagen.

Luego, vuelve a colocar los dedos en su posición anterior. Lo más importante: mientras el segundo dedo se mueve hacia abajo y hacia arriba, los otros cuatro dedos se mueven lo menos posible y continúan sujetando las bolas de cristal. ¡Cuidado con que los dedos no se peguen!

Haz el movimiento de "arriba y abajo" con el dedo índice varias veces a una velocidad que te resulte cómoda. Haz exactamente el mismo movimiento con el tercer dedo varias veces. Recuerda lo principal: mientras el tercer dedo se mueve, los otros cuatro dedos se mueven LO MENOS POSIBLE.

Coloque las manos sobre las rodillas y descanse un poco. Las manos deben estar completamente libres y no tensas. Pero no deben estar flácidas, sino listas para la acción. Haga el movimiento de "abajo y arriba" con los dedos índice, anular y meñique. Coloque las manos sobre las rodillas y descanse de nuevo.

4. Con calma, retira la mano izquierda de la rodilla y presiona la tecla central con el tercer dedo. Hazlo así: baja suavemente la mano con los dedos redondeados desde arriba, con el tercer dedo, sobre la tecla, y con el mismo movimiento descendente del dedo que acabas de hacer, BAJA SUAVEMENTE la tecla hasta el límite, como se muestra en la imagen.

Observa el dedo que presiona la tecla. Está ligeramente doblado y redondeado, como si aún sujetara la bola de cristal. Pero no está muy redondeado. El dedo no está en el borde de la tecla blanca, sino en su centro, lo que significa que está más cerca de las teclas negras. El dedo presiona la tecla con la punta: el puño. Los demás dedos también están redondeados, como si aún sujetaran la bola.

En esta imagen, el dedo presiona la tecla incorrectamente. ¿Por qué? Primero, el tercer dedo presionó la tecla justo en el borde. Debido a esto, el primer dedo quedó fuera del borde del teclado. Segundo, el tercer dedo no completó completamente el movimiento de "bajar" que acabas de aprender y no bajó lo suficiente. Por eso, el segundo dedo bajó demasiado y quedó colgando, casi tocando las teclas. No cometas estos errores y continúa presionando la tecla con calma varias veces.

Coloque la mano izquierda sobre la rodilla. Con el tercer dedo de la mano derecha, y luego con el segundo y el cuarto, presione la tecla central varias veces. Presione con diferente fuerza y escuche el sonido de las cuerdas.

Coloque la mano derecha sobre la rodilla. Con el segundo dedo de la mano izquierda y luego con el cuarto, presione la tecla central varias veces.

Asegúrate de intentar presionar la tecla con diferente fuerza, a veces más fuerte, a veces más débil. Observa cómo funciona el martillo y golpea las cuerdas. Intenta percibir de oído cómo suenan las cuerdas de forma diferente al pulsar con fuerza o con fuerza.

Coloque ambas manos sobre las rodillas y descanse un poco.

Al presionar la tecla central, por supuesto, sentías que si la presionabas con FUERZA, el martillo repetiría el golpe y la cuerda sonaría con fuerza. Si la presionabas SUAVEMENTE, sin mucho esfuerzo, el martillo golpearía la cuerda débilmente y esta sonaría suavemente. El FORTEPIANO se llama así porque se puede tocar tanto FUERTE como SUAVEMENTE. Entonces, ¿qué significan estas dos palabras: "forte" - fuerte, y "piano" - suave? Presionaba la tecla con fuerza y fuerza, y retiraba el dedo inmediatamente. En respuesta, la cuerda "chilló" con un sonido agudo y abrupto.

Presione la misma tecla muy suavemente y retire el dedo inmediatamente. Esta vez, el sonido es suave, corto y difícil de recordar. Presione la tecla con fuerza media y mantenga el dedo sobre ella un rato antes de retirarlo. El sonido es suave, prolongado y más agradable al oído. Esto es lo que discuten las palabras "forte" y "piano". Discuten sobre cómo presionar las teclas para que las cuerdas suenen de la forma más hermosa. Los músicos lo han entendido desde hace mucho tiempo. El sonido es más hermoso cuando la cuerda "canta" a un volumen medio con una voz suave, tersa y melodiosa. Este sonido dura un tiempo, "queda suspendido" en el aire y no desaparece inmediatamente de la habitación. Para obtener este sonido, presione las teclas con fuerza media, suavemente y mantenga el dedo sobre la tecla durante un tiempo.

Pide ayuda para volver a colocar la pared frontal del piano. Recuerda que detrás están las cuerdas que se golpean con los macillos. La fuerza con la que golpea el macillo determina el volumen con el que responderá la cuerda. En música, el volumen de un sonido se indica con palabras italianas:

Forte, abreviado como "F" or "*f*", significa "fuerte". Esto significa que debes tocar fuerte.

Fortissimo, abreviado como "FF" o "*ff*", significa "muy fuerte", "muy ruidoso".

Mezzo-forte, abreviado como "Mf" or "*mf*", significa "no muy ruidoso", "con un volumen medio".

Piano, abreviado como "P" or "*p*", significa "silencioso". Esto significa que debes tocar en silencio.

Pianissimo, abbreviated "PP" or "*pp*", significa - "muy silencioso".

Mezzo-piano, abbreviated "Mp" or "*mp*", significa - no muy silencioso, un poco más tranquilo que el volumen medio.

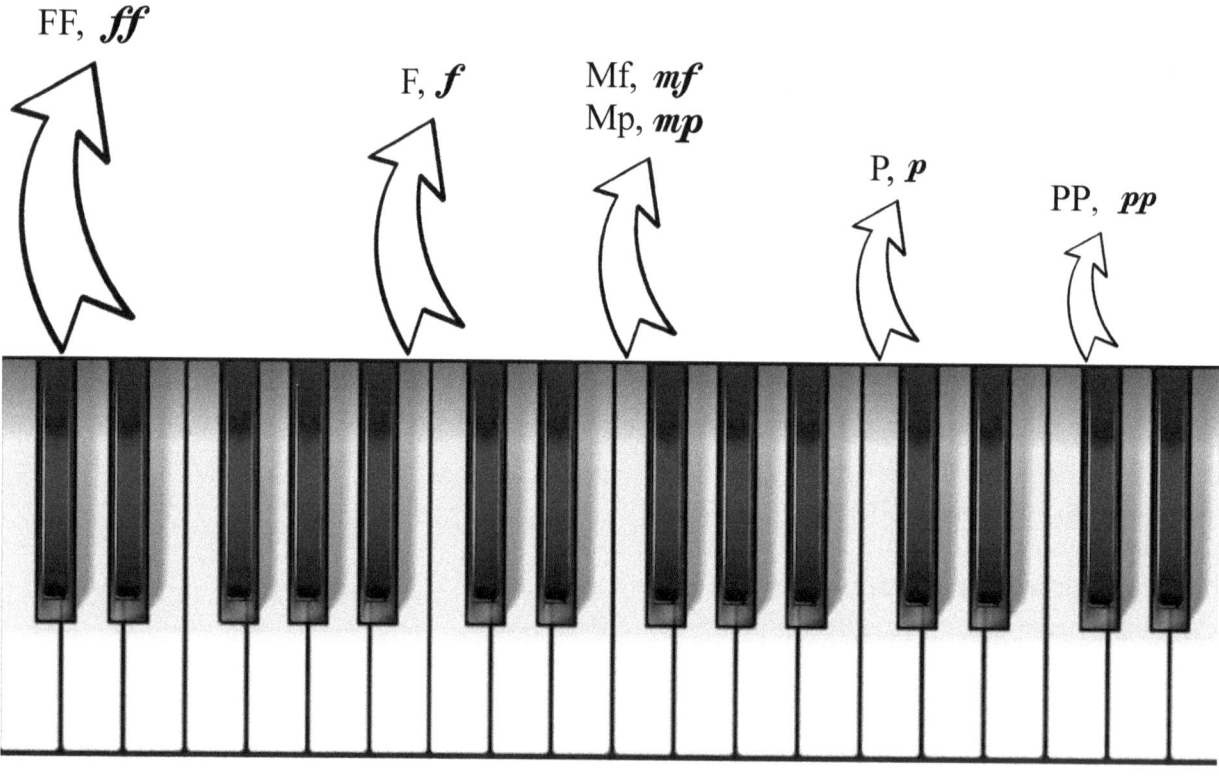

CONOCE EL TECLADO DE PIANO Y LOS PRINCIPALES SONIDOS MUSICALES

Esta imagen muestra la parte MEDIA del teclado.

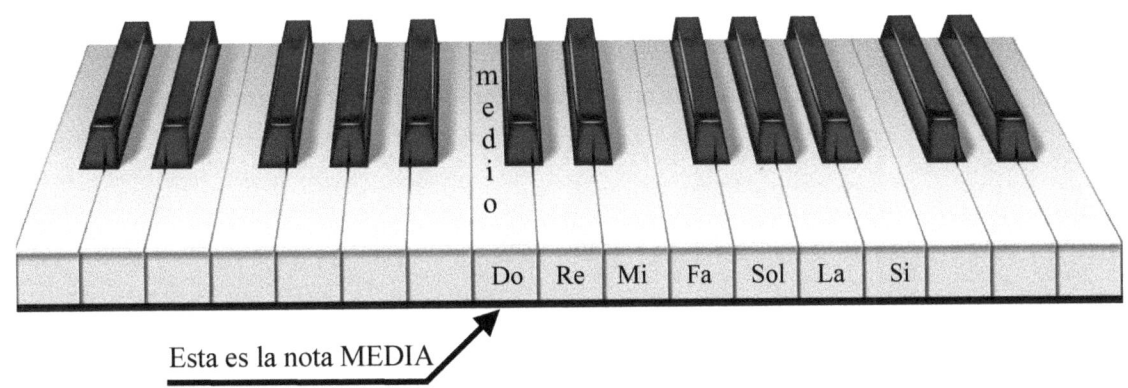

Esta es la nota MEDIA

Empezando por la tecla *central*, las siete teclas blancas tienen sus nombres escritos: Do, Re, Mi, Fa, Sol, La, Si. Debes saber estos nombres de memoria de principio a fin y de principio a fin, y ser capaz de encontrar rápidamente estas siete teclas en el teclado. La tecla central acaba de recibir su propio nombre: "Do". Por lo tanto, puedes llamarla Do central.

1. Presiona cada una de las siete teclas con el segundo o tercer dedo de la mano derecha, empezando por Do medio, y canta su nombre en voz alta: "¡Do! ¡Re! ¡Mi! ¡Fa! ¡Sol! ¡La! ¡Si!". Los siete sonidos que oyes tienen los mismos nombres que las siete teclas blancas que ves. Intenta que tu voz se adapte completamente a cada uno de estos siete sonidos. Los músicos dicen: "La voz se funde con el sonido".

Si esto no funciona de inmediato, no te preocupes. ¡Canta y seguro que saldrá bien!

Presiona cada una de las siete teclas en orden inverso. Canta en voz alta los nombres de los siete sonidos y las siete teclas: "¡Si! ¡La! ¡Sol! ¡Fa! ¡Mi! ¡Re! ¡Do!"

¡Recuerda! Los siete sonidos que acabas de tocar y cantar son los sonidos principales de la música.

Las siete teclas que pulsaste "marchan" una tras otra en una larga fila de teclas blancas.

En música, cualquier fila de sonidos que "marchan" una tras otra en un orden determinado se denomina serie de sonidos o simplemente ESCALA DE SONIDO. Por lo tanto, ahora te has familiarizado con una ESCALA DE SONIDO de siete sonidos principales. Esta serie de sonidos tiene su propio nombre musical: OCTAVA, que significa "octava" en latín. ¿Por qué octava? Al fin y al cabo, solo hay siete sonidos: Do, Re, Mi, Fa, Sol, La, Si.

2. Presione la tecla que "marcha" inmediatamente después de la séptima tecla Si como en esta imagen.

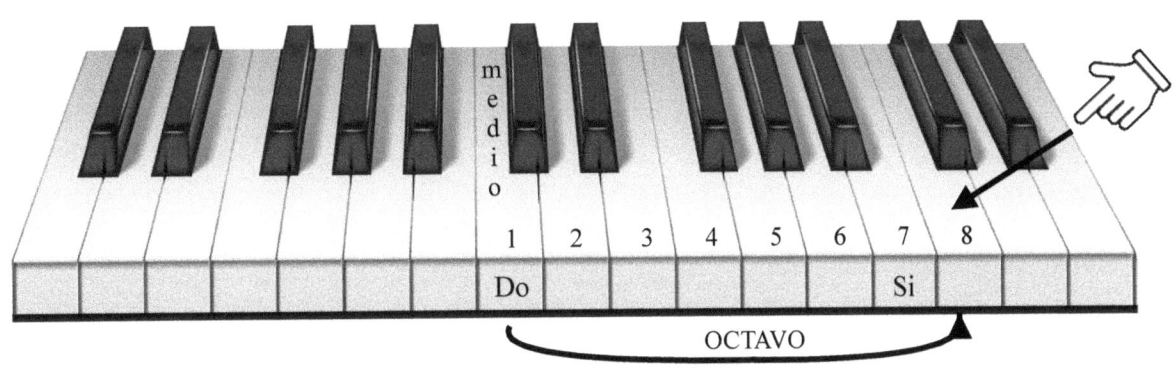

OCTAVO

Si cuentas desde la tecla de Do central, esta será la octava. Mantén el dedo sobre esta tecla y escucha su sonido. Parece que ya te resulta familiar. Presiona Do central e inmediatamente después la octava tecla. Repite esto varias veces hasta que estés convencido de que ambos sonidos suenan casi igual.

Presiona estas dos teclas con los dedos de la mano derecha e izquierda al mismo tiempo y escucha. Oirás un sonido común porque los dos sonidos de estas teclas se unen en uno.

3. Encuentra tú mismo las octavas claves para los sonidos restantes de la octava: Re para Mi, Fa para Sol, La para Si. Asegúrese "de oído" de que cada octava tecla repita de manera muy similar uno de los sonidos de la octava: Do, Re, Mi, Fa, Sol, La, Si.

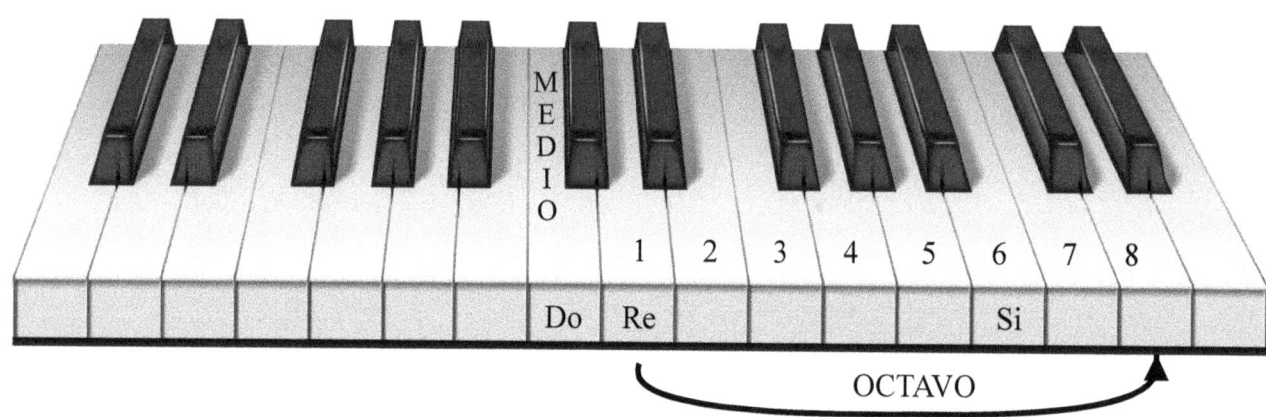

Así, los principales sonidos musicales Do, Re, Mi, Fa, Sol, La, Si se repiten cada siete tonalidades. En toda la escala larga de teclas blancas no hay otros sonidos.

Cada octava tecla repite el sonido de la primera. Por lo tanto, todo el teclado y la escala del piano se componen de octavas. Más adelante, aprenderás sobre las teclas negras que se encuentran en cada octava.

4. Cuenta tú mismo cuántas octavas hay en el lado derecho del teclado, empezando por la tecla Do central. Resulta que hay exactamente cuatro octavas y una tecla Do blanca más, como en esta imagen.

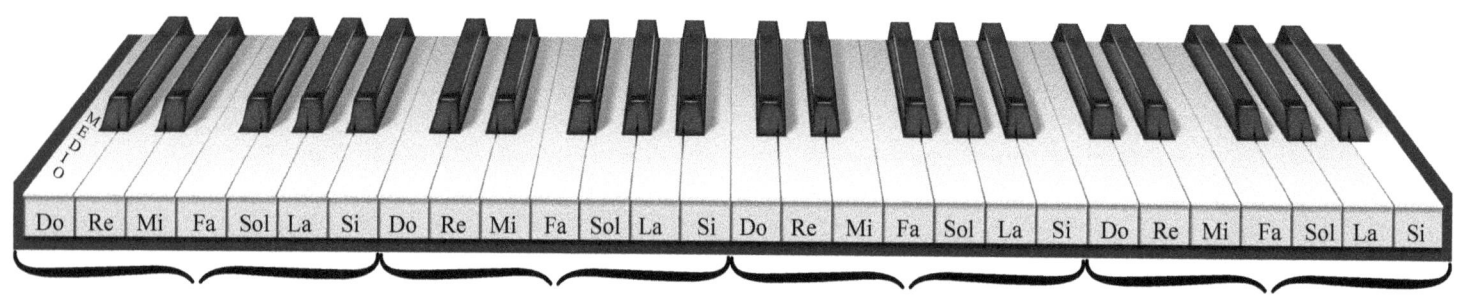

Estas cuatro octavas se llaman *Primera, Segunda, Tercera y Cuarta*. Los nombres de los sonidos y las tonalidades se repiten en las cuatro octavas.

El lado izquierdo del teclado tiene el mismo diseño que el derecho. Pero lo conocerás más adelante.

COMPRENDER CÓMO SE "ESTRUCTURA" LA OCTAVA

Presiona las teclas de la primera octava en orden con el segundo o tercer dedo de la mano derecha e imagina que subes una escalera de mármol blanco. Los nombres de los sonidos principales de la octava están escritos en los escalones. Al pisar un nuevo escalón, presionas una nueva tecla y escuchas un nuevo sonido. Siente de oído cómo con cada nueva tecla y paso el sonido se vuelve más delicado y sutil. Pero los músicos no dicen esto, sino que dicen: «El sonido se ha vuelto más agudo». Por lo tanto, en cada octava, el sonido de Do es el más grave y el de Si el más agudo.

Observa la «escalera de sonidos», cuyos escalones se componen de ocho sonidos principales.

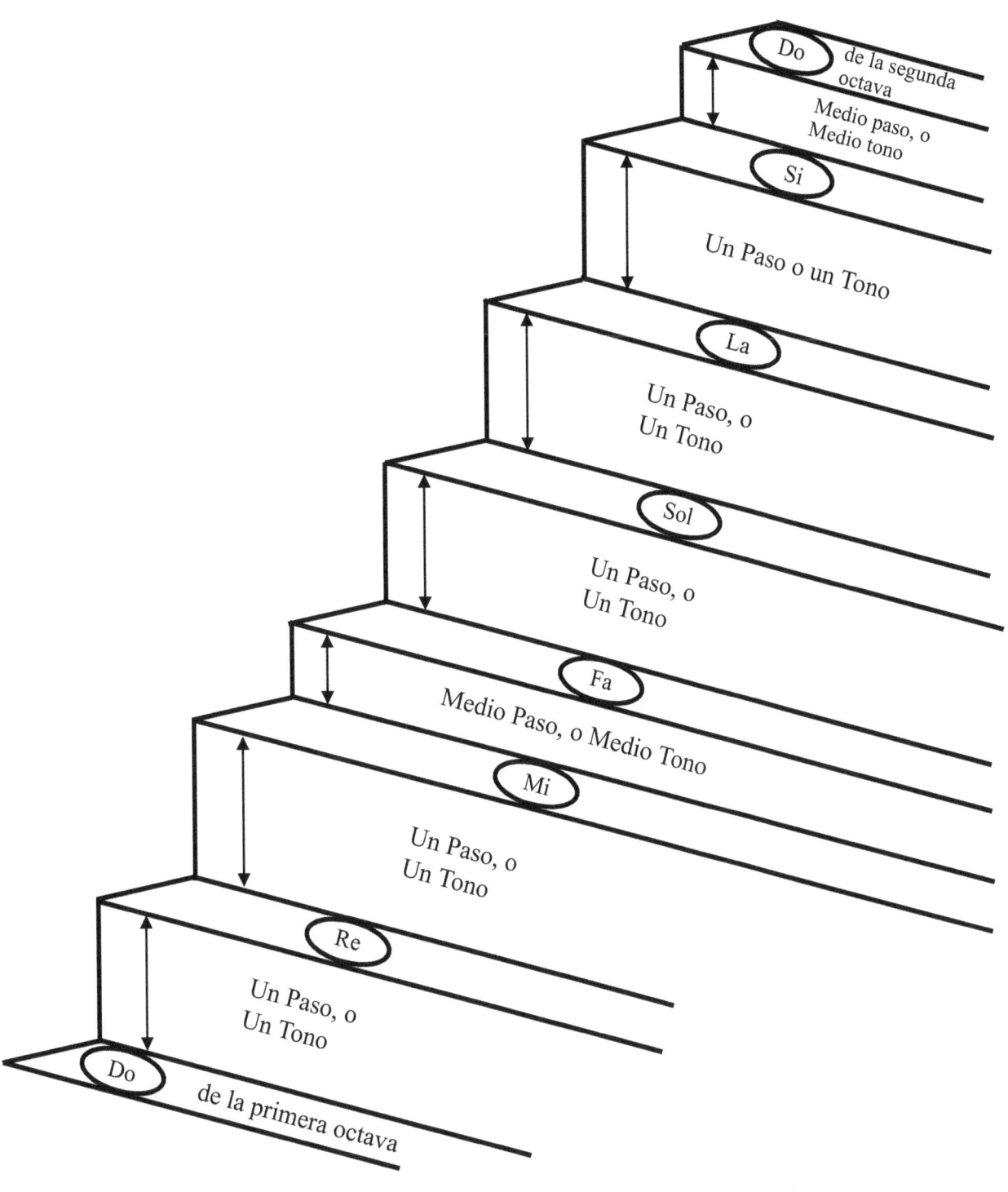

11

Los ocho pasos son los siete sonidos de la primera octava y el sonido "de marcha" Do de la Segunda Octava, inmediatamente después. Los "pasos" que componen la octava tienen diferentes alturas. Entre los sonidos Do y Re, entre Re y Mi, entre Fa y Sol, Sol y La, La y Si, hay un paso cada uno. Pero entre los sonidos Mi y Fa, así como entre Sol y Do de la Segunda Octava, solo hay medio paso. Imaginemos siempre la octava como una "escalera" de sonidos con solo siete pasos: cinco tonos y dos semitonos.

Los siete sonidos principales de la octava: Do, Re, Mi, Fa, Sol, La y Si se diferencian entre sí por la altura del paso en el que se encuentran. Pero los músicos no dicen "un paso más alto o más bajo", sino "un tono más alto o más bajo". Por lo tanto, resulta que el sonido Re es un tono más agudo que el sonido Do, Mi es un tono más agudo que Re, y el sonido Fa es solo medio tono más agudo que Mi. Sol es un tono más agudo que Fa, La es un tono más agudo que Sol, y Si también es un tono más agudo que La. Pero el sonido Do de la segunda octava es solo medio tono más agudo que Si.

1. Cuenta cuántos tonos hay en una octava. Resulta que hay seis tonos en total: cinco tonos enteros y dos semitonos. Esto significa que la distancia entre el sonido "Do" de una octava y el sonido "Do" de la octava siguiente también es igual a seis tonos. Solo que los músicos no dicen "distancia entre sonidos", sino "intervalo entre sonidos". (La palabra latina "intervalo" simplemente significa "espacio", "distancia"). Por lo tanto, el intervalo de una octava equivale a seis tonos.

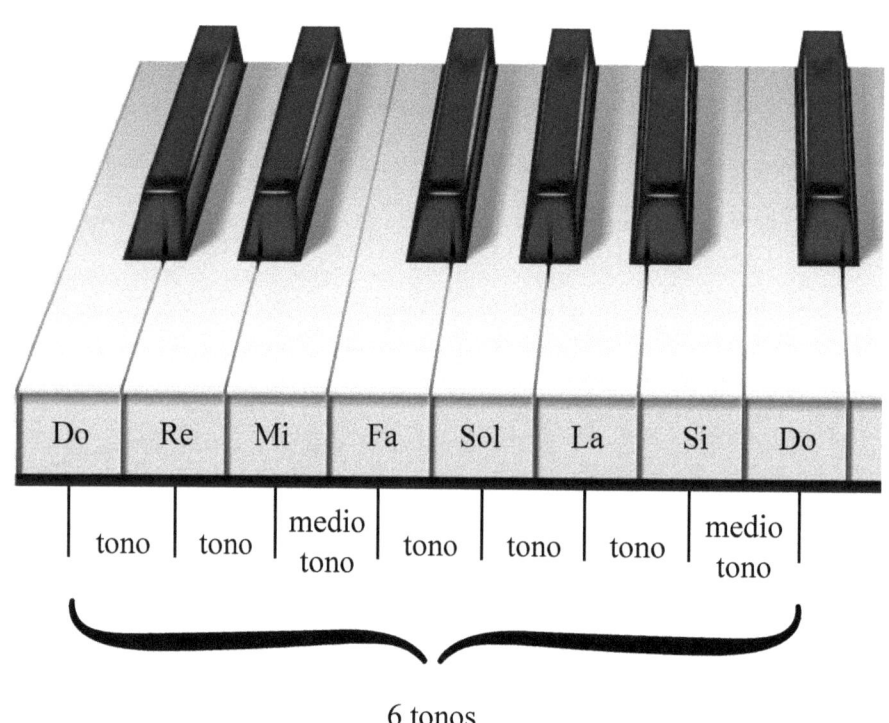

6 tonos

¡Recuerda! Un intervalo es una combinación de dos sonidos, uno tras otro, en secuencia o simultáneamente. Un intervalo es un concepto musical muy importante, ya que cualquier melodía consiste en una cadena ininterrumpida de intervalos que surgen al pasar de un sonido a otra nota. Por ejemplo, los intervalos forman los sonidos: Do-Re, Do-Mi, Mi-Sol, etc.

APRENDE A ESCRIBIR SONIDOS MUSICALES
EN HOJAS DE PAPEL Y A LEER MÚSICA

Los músicos aprendieron a escribir sonidos musicales en papel hace mucho tiempo.

Para ello, transformaron la "escalera de sonido" en una "escalera" plana con cinco barras transversales. Y los principales sonidos musicales comenzaron a escribirse utilizando círculos ovalados directamente sobre estas barras transversales y en los espacios entre ellas.

1. Abra un CUADERNO DE MÚSICA limpio. Los sonidos musicales se escriben en cinco líneas largas. En cuanto un círculo ovalado cae sobre estas líneas, se le llama "NOTA".

La palabra latina "nota" significa "signo", "designación". Por lo tanto, una NOTA designa un sonido musical de una octava e indica su posición en los peldaños de la "escalera" del sonido.

Las cinco líneas donde se escriben las notas se denominan con una palabra común: PENTAGRAMA. Cada línea del pentagrama tiene su propio número ordinal, que se cuenta de abajo a arriba, como en esta imagen. Las cinco líneas largas del pentagrama también se denominan líneas principales.

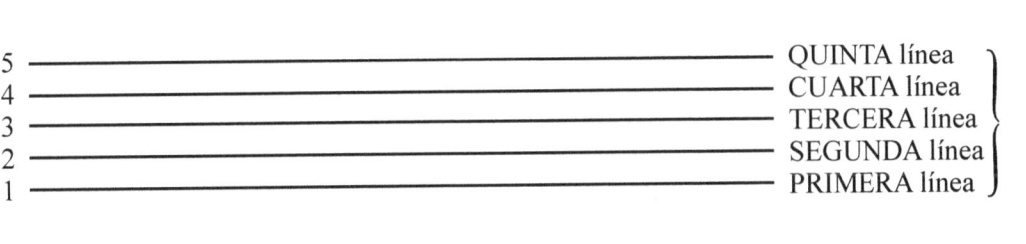

Antes de escribir notas, necesitas aprender a dibujar un signo especial llamado clave de sol. La clave de Sol cuelga al principio del pentagrama y cierra la segunda línea, de modo que se ve inmediatamente que esta línea está ocupada por la nota Sol de la primera octava, como se muestra en la imagen.

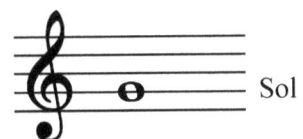

Aprende a dibujar la clave de Sol como se muestra en la imagen. Delinea la clave de Sol ya dibujada. Ahora dibuja la Clave de Sol al principio del pentagrama limpio. Retrocede a la derecha de la Clave de Sol y escribe la nota Sol en la segunda línea. Sobre la nota Sol, escribe dos notas en orden: La y Si. Debajo de la nota Sol, escribe cuatro notas en orden: Fa, Mi, Re y Do. Luego, añade la nota Do de la segunda octava. Todo debería quedar como en la imagen.

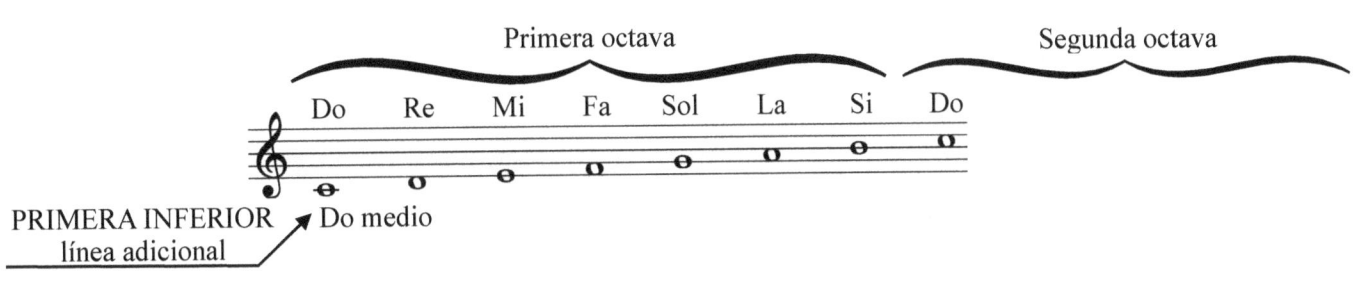

Para escribir la nota Do central, se añade una línea corta a las cinco líneas principales del pentagrama desde abajo. Se llama la primera línea ADICIONAL inferior.

Observa este pentagrama y recuerda la maravillosa transformación que se produjo cuando los escalones de la "escalera" con sonidos se convirtieron en líneas del pentagrama con notas.

2. Ahora, conectemos el pentagrama donde están escritos los siete sonidos de la primera octava y el sonido Do de la segunda octava, con las ocho teclas del piano que debes pulsar para tocar estos sonidos.

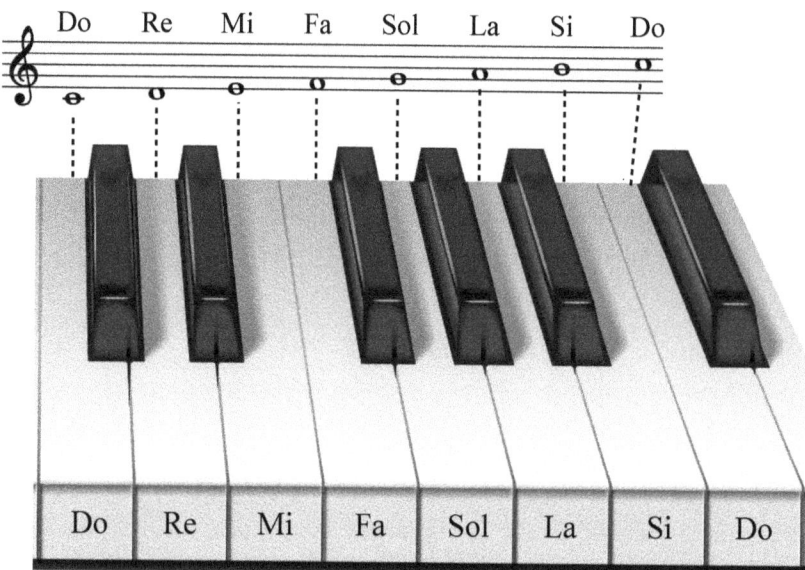

Observa este dibujo todos los días y recuerda cómo están dispuestas las notas en el pentagrama y las teclas del teclado.

3. Ahora observa este dibujo de tu mano DERECHA.

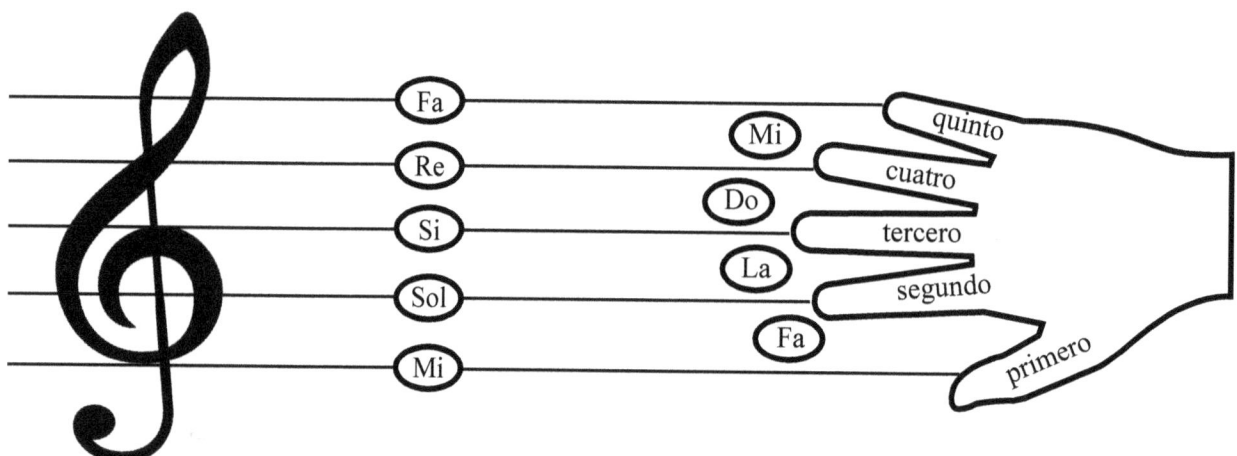

Imagina que los cinco dedos de tu mano derecha son las cinco líneas del pentagrama. Estés donde estés: en casa, en la escuela o en la calle, si tienes un minuto libre, observa tu mano derecha y recuerda cómo se "ordenan" las notas en tus dedos y entre ellos. La nota Sol y la clave de Sol se encuentran en el segundo dedo.

APRENDE A ESCRIBIR SONIDOS "LARGOS" Y "COROS"
Y A TOCAR NOTAS "LARGAS" Y "COROS"

Imagina que estás en una estación y oyes el silbido de un tren: "¡Guuuuuu!". Este sonido se queda en el aire un buen rato hasta que el tren sale de la estación. Fue un sonido LARGO, porque duró y sonó muchísimo tiempo.

Ahora imagina cómo golpean las ruedas de un tranvía contra los raíles: "¡Toc, toc! ¡Tac, tac! ¡Toc, toc! ¡Tac, tac!". Estos sonidos son breves, se suceden uno tras otro, y cada uno dura muy poco. En la vida, siempre estamos rodeados de sonidos de diferentes duraciones: largos y prolongados, y cortos y abruptos. En las melodías musicales, también se escuchan sonidos de diferentes duraciones, tanto largas como cortas. Pero los músicos no dicen "duración del sonido", sino "duración del sonido" o "duración de la nota". Todos los sonidos musicales no solo tienen su propia altura, sino también su duración específica. La duración de los sonidos musicales también se escribe mediante notas.

1. Presione la tecla C, manténgala presionada y cuente en voz alta y de forma uniforme: "¡Uno, dos, tres, cuatro!". Después de la palabra "cuatro", suelte la tecla. La nota Do ha sonado durante cuatro tiempos o, como dicen los músicos, durante CUATRO FRACCIONES de tiempo. **¡Recuerde!** *Al contar en voz alta o mentalmente, se cuentan fracciones de tiempo.* Una nota cuya duración se cuenta en cuatro tiempos: "¡Uno, dos, tres, cuatro!", y que suena durante cuatro fracciones de tiempo, se llama redonda. Esta es la nota más larga de la música. Los sonidos de mayor duración se escriben en redondas. Una redonda tiene la forma de un círculo ovalado, como en esta imagen.

2. Ahora deberías aprender a contar y tocar redondas correctamente.

La imagen muestra cómo presionar las teclas Do y Re correctamente al tocar redondas.

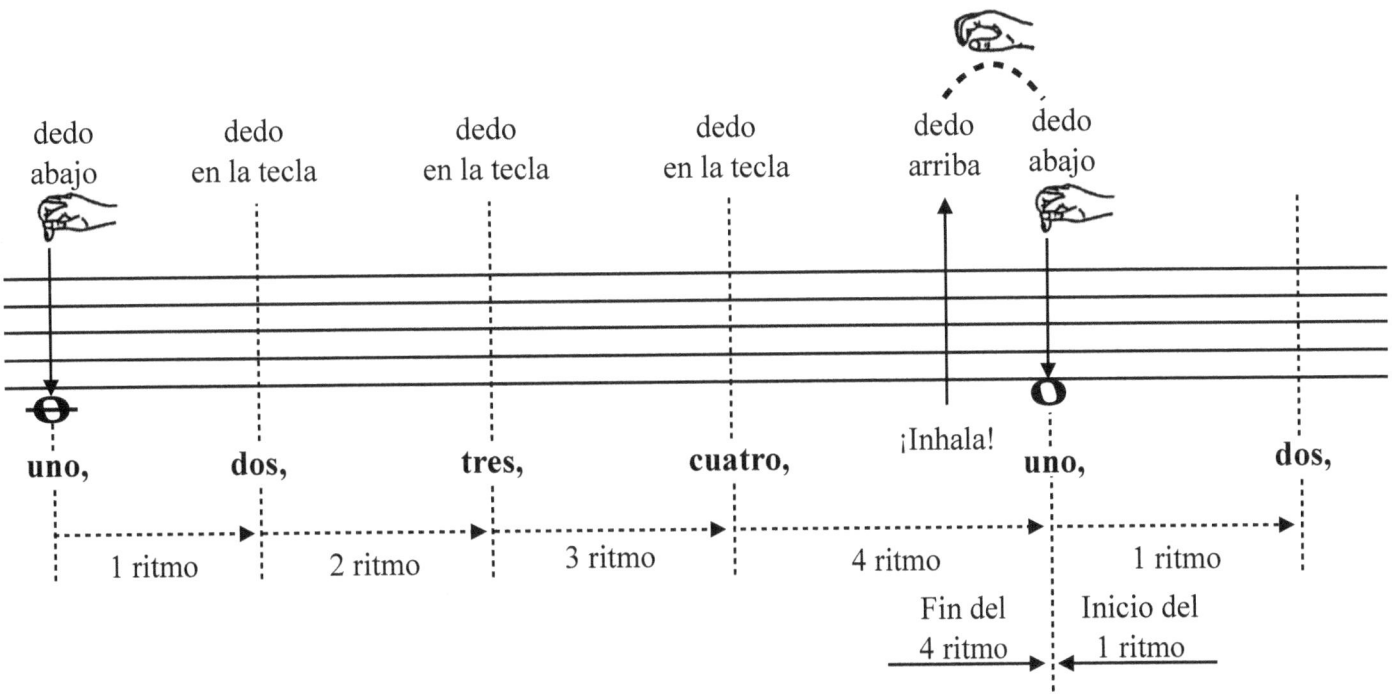

Dices "uno" y presionas la tecla C. Dices "dos", "tres" y mantienes la tecla presionada. Dices "cuatro", respiras hondo (si es necesario), levantas el dedo de la tecla Do y mueves la mano suavemente hacia la tecla Re. Luego, dices "uno" de nuevo y presionas la tecla Re.

La nota Do se contó en cuatro tiempos y sonó durante cuatro tiempos, como se muestra en la imagen. La nota Re se contó y tocó exactamente de la misma manera.

Presta atención a lo más importante: el final del cuarto tiempo de la nota Do coincide exactamente con el comienzo del primer tiempo de la nota Re. Por lo tanto, para que tu dedo no llegue tarde a la tecla Re, debes levantarlo de la tecla Do un poco antes, sin esperar al final del cuarto tiempo. Y luego, simultáneamente al comienzo del primer tiempo, a la cuenta de "uno", presiona la tecla Re. Para que tu interpretación sea fluida, no necesitas "retirar" el dedo de la tecla a la cuenta de "cuatro", sino que debes retirarlo suavemente después de esta cuenta, en el intervalo entre las palabras "cuatro" y "uno". Debes aprender a hacerlo bien, porque la belleza de las melodías que interpretarás dependerá de la fluidez de la transición de una nota a otra.

3. Al tocar redondas, seguramente las sentiste muy largas. Por lo tanto, para grabar sonidos más cortos, una redonda se divide en DOS partes iguales. De una redonda se obtienen DOS MEDIAS notas, como se muestra en esta imagen.

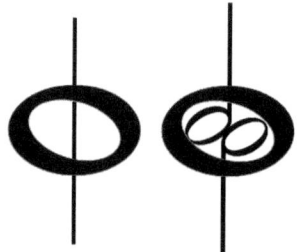

Así es como se divide una nota
ENTERA en dos MEDIAS notas

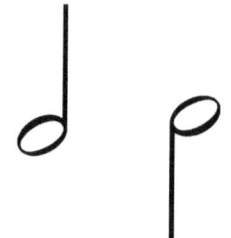

Y así es como se representan
las MEDIAS notas

Las blancas también parecen círculos ovalados, pero con una "vara" que sobresale hacia arriba o hacia abajo. La duración de una blanca es igual a la mitad de la duración de una redonda. Por lo tanto, una blanca se cuenta de dos en dos: "¡Uno, dos!", y suena a dos tiempos, exactamente la mitad de la duración de una redonda.

Presiona la tecla C, mantenla presionada y cuenta en voz alta y uniformemente: "¡Uno, dos!". Después de la palabra "dos", suelta la tecla. La nota Do sonó durante dos tiempos.

4. Ahora deberías aprender a contar y tocar las blancas correctamente.

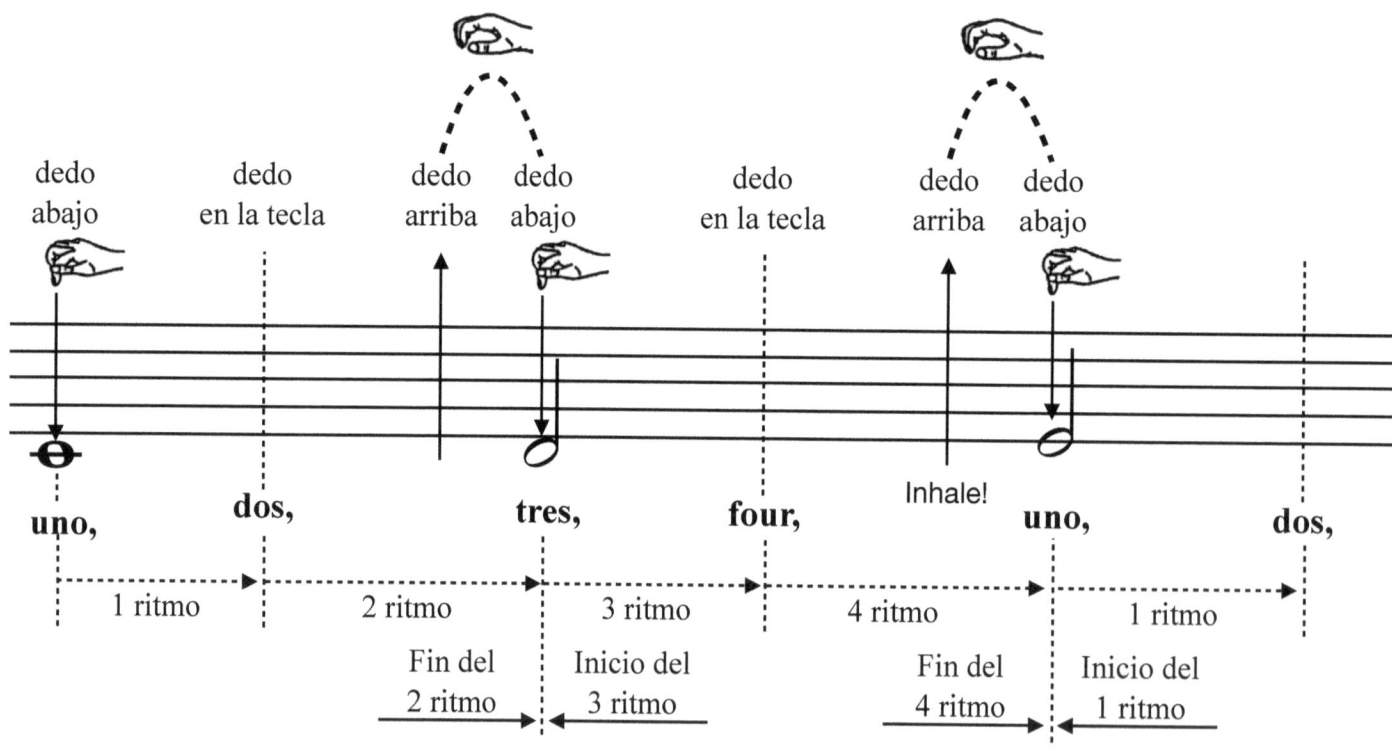

La imagen muestra cómo presionar correctamente las teclas Do, Re y Mi al tocar blancas.

Dices "uno" y pulsas la tecla Do. Dices "dos" y solo entonces levantas el dedo de la tecla Do y mueves suavemente la mano hacia la tecla Re. Dices "tres" y pulsas la tecla D. Dices "cuatro" y solo entonces levantas el dedo de la tecla Re y mueves suavemente la mano hacia la tecla Mi. Luego, vuelves a decir "uno" y pulsas la tecla Mi.

Para que tu interpretación sea fluida, no necesitas "retirar" el dedo de la tecla Do a la cuenta de "dos", sino que lo retiras suavemente después de esta cuenta, en el intervalo entre las palabras "dos" y "tres".

Del mismo modo, no te apresures a retirar el dedo de la tecla Re a la cuenta de "cuatro", sino que lo haces suavemente después de esta cuenta, en el intervalo entre la palabra "cuatro" y la segunda palabra "uno". Debes realizar estas transiciones de una tecla a otra de forma suave y completamente imperceptible para el oído. Y, por supuesto, todas estas transiciones deben realizarse sin desviarse de la cuenta par.

5. Al tocar blancas, seguramente percibiste de oído que también eran notas largas. Por lo tanto, para grabar sonidos cortos, una redonda se divide en cuatro partes iguales. Y de una redonda se obtienen cuatro negras, como se muestra en la imagen.

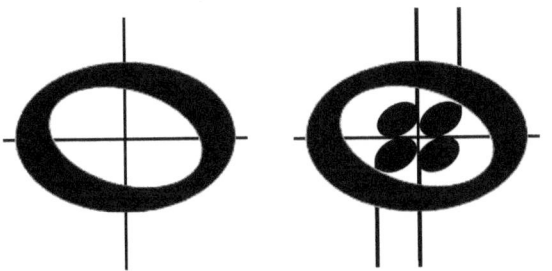

Así es como una nota REDONDA
se divide en CUATRO negras

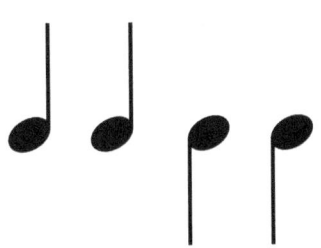

Y así es como se representan
las notas NEGRAS

Las negras también parecen círculos ovalados con "palos", pero estos círculos son negros.

Tras esta división, la duración de una negra equivale a un cuarto de la duración de una redonda. Por lo tanto, una negra se cuenta solo por un tiempo: "¡Uno!". Dura y suena solo una fracción de tiempo, exactamente cuatro veces menos que una redonda. Si sumas las duraciones de cuatro negras, obtienes dos blancas o una redonda, como se muestra en la imagen.

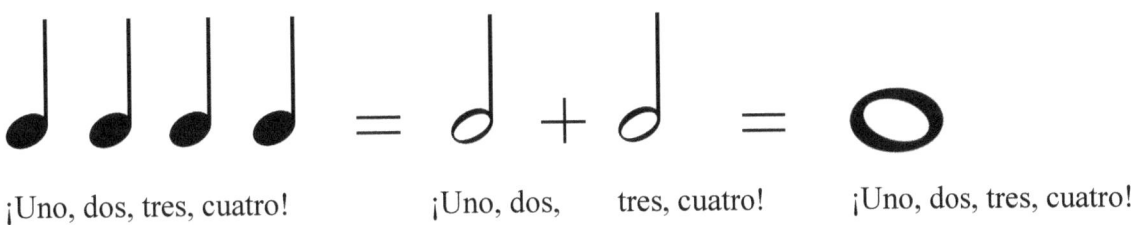

¡Uno, dos, tres, cuatro!   ¡Uno, dos,   tres, cuatro!   ¡Uno, dos, tres, cuatro!

Muy a menudo una negra se llama con una sola palabra: "negra".

6. Ahora debes aprender a contar y tocar negras correctamente.

La imagen muestra cómo presionar correctamente las teclas Do, Re, Mi, Fa y Sol al tocar negras.

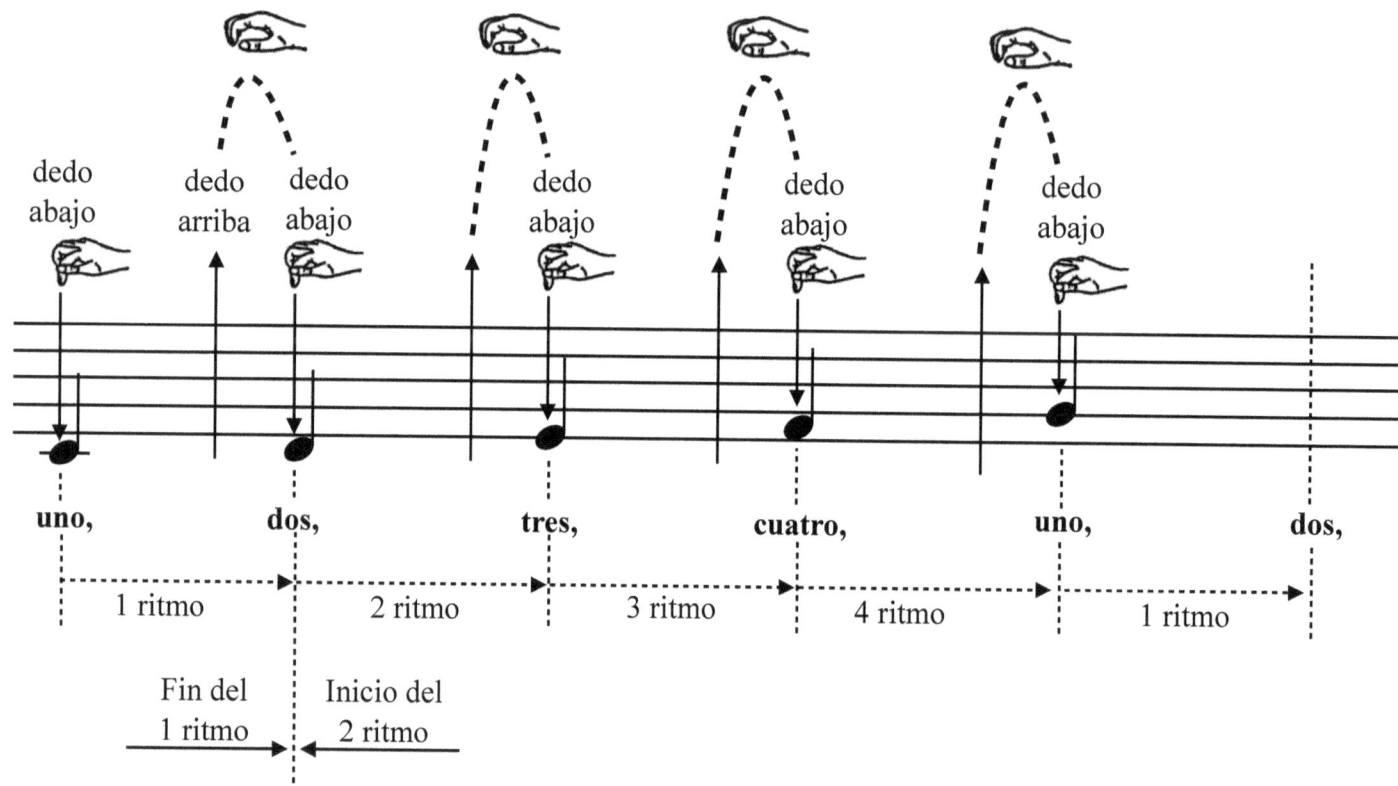

Dices "uno" y presionas la tecla C. Luego, levantas el dedo de la tecla Do y mueves suavemente la mano hacia la tecla D. Dices "dos" y presionas la tecla D. Luego, levantas el dedo de la tecla Re y mueves suavemente la mano hacia la tecla E. Dices "tres" y presionas la tecla E. Cuentas y presionas las teclas Fa y Sol de la misma manera.

Preste atención a lo más importante: el FINAL de la duración de cada nota (fracción de tiempo) coincide exactamente con el INICIO de la duración de la siguiente nota. Por lo tanto, para que su dedo no "flote" de una tecla a otra, debe levantarlo de las teclas un poco antes, sin esperar a que finalice la duración (fracción de tiempo) de cada nota. Y luego, en cada conteo sucesivo, simultáneamente con el inicio del nuevo tiempo, presione las siguientes teclas. Esta transición de nota a nota debe ser SUAVE, pausada y completamente imperceptible para el oído. Y, por supuesto, esta transición debe realizarse sin desviarse del conteo UNIFORME ni un solo instante. La mano y el dedo deben moverse de una tecla a otra con mucha suavidad. De lo contrario, la melodía que tocará será definitivamente "cojeante" y las notas y sonidos "tartamudearán". Cuanto más cortas sean las notas y los sonidos, más audibles serán "de oído" todas sus imprecisiones e irregularidades. Recuerde y siga la regla principal: cuente CUARTOS de manera uniforme y mueva SUAVEMENTE su mano y sus dedos.

COMPRENDER CÓMO SE "ORGANIZA" UNA MELODÍA MUSICAL

Cuando se canta una canción hermosa, inmediatamente parece haber una gran similitud entre su melodía y la letra. Y así es. De hecho, el poema y la melodía musical están "arreglados" de forma muy similar. El poema, como "bricks", se construye a partir de palabras. Y la melodía, como "bricks", se construye a partir de sonidos musicales. Veamos qué tienen en común los "bricks" del poema y los "bricks" de la melodía musical.

1. Lea en voz alta y con expresión cuatro versos del poema. Las palabras que "piden" ser enfatizadas por la voz y pronunciadas con más fuerza y énfasis están marcadas con signos especiales. Este es el signo de ACENTO. También se llama signo de ACENTO.

> \
Con un amanecer rosado \
> \
El este se cubrió. \
> \
En el pueblo más allá del río \
> \
La luz se apagó.

Escribe estos versículos en una sola línea, pero sepáralos con una línea vertical. Deberías obtener cuatro de estos "ladrillos".

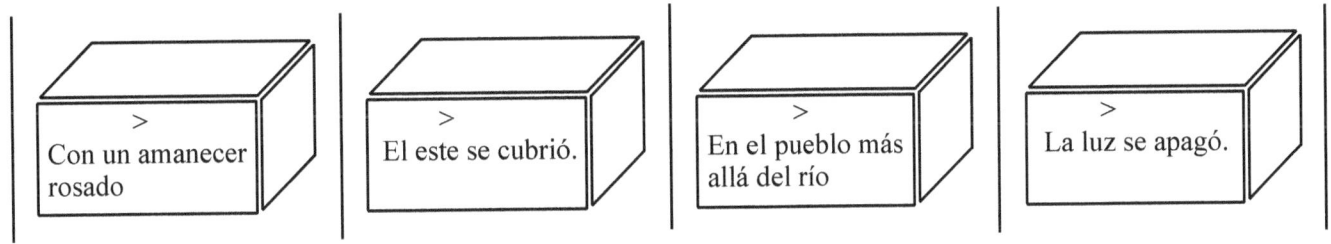

En cada "ladrillo" reemplaza las palabras del poema con el conteo "¡Uno, dos!" Esto es lo que obtienes.

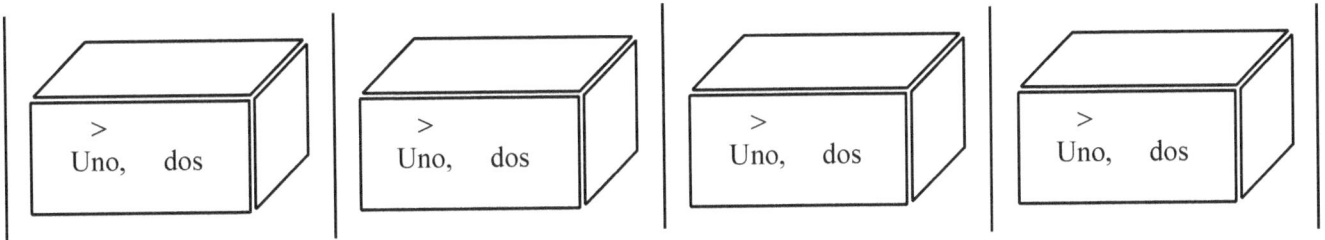

Frente a ti hay cuatro bloques idénticos. Cada uno consta de dos tiempos, que se cuentan en dos tiempos: "¡Uno, dos!". El primer tiempo se acentúa.

Las melodías musicales también se construyen a partir de bloques muy similares. En música, estos bloques se llaman COMPASES. Cuando se escriben notas en un pentagrama, un compás está separado del otro por una línea vertical llamada LÍNEA DE COMPÁS. Un compás de dos tiempos se llama DOS TIEMPOS.

Compás de dos tiempos

Línea de compás   Línea de compás

Uno, dos

Un compás binario se cuenta de dos en dos: "Uno, dos". El primer tiempo del compás se llama FUERTE, o PESADO, porque es donde recae el acento. El segundo tiempo se llama DÉBIL, o LIGERO.

2. Dos medidas binarias se pueden unir para formar una medida COMPLEJA, cuádruple, como se muestra en esta imagen.

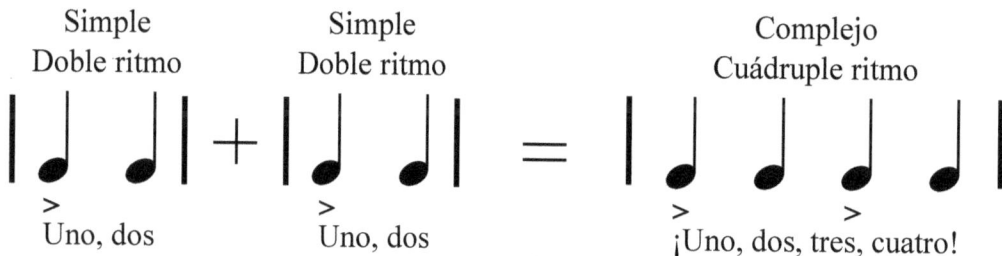

Un compás de cuatro tiempos consta de cuatro tiempos y se cuenta en cuatro tiempos: "¡Uno, dos, tres, cuatro!". Este compás tiene dos acentos y dos tiempos fuertes: el primero y el tercero.

Pero solo el tercer tiempo es más débil que el primero. Sin embargo, el segundo y el cuarto tiempo de este compás son débiles, porque eran débiles en sus compases de dos tiempos.

3. Si un compás consta de tres tiempos, se llama triple tiempo y se cuenta en tres tiempos, como se muestra en la imagen.

Este es un compás SIMPLE porque solo tiene un acento en el primer tiempo fuerte. El segundo y el tercer tiempo son débiles.

Atención: el PRIMER tiempo de cada compás es FUERTE porque tiene ACENTO. Resulta que la línea de compás se coloca en las notas para indicar constantemente dónde están los tiempos fuertes en la melodía y dónde deben colocarse los acentos.

CAPÍTULO II
APRENDE A TOCAR PIEZAS

En música, la palabra "pieza" puede significar muchas cosas. Una canción, un baile o una melodía musical se llaman pieza si están escritas específicamente para un instrumento.

LAS TRES PRIMERAS PIEZAS
PARA UN DEDO DE UNA MANO

Toque cada pieza por turno con el tercer y segundo dedo de la mano derecha, luego con el tercer y segundo dedo de la mano izquierda.

1. GORRIÓN

Arreglado por J. Mercer

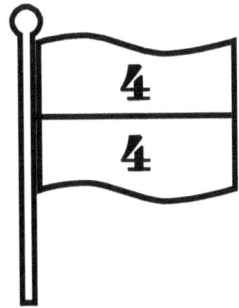

Esta pieza, que se interpreta mejor con un profesor, consta de cuatro compases. Los compases se cuentan en orden de izquierda a derecha, comenzando desde la clave de sol. Al final del último compás hay una línea doble - ‖ . In the notes this line marks the end of the piece.

Inmediatamente después de la clave de Sol en el pentagrama hay dos números $\frac{4}{4}$. Estos dos números se llaman el TAMAÑO DEL COMPÁS. Se ubican en el pentagrama como una señal de tráfico en la carretera. El tamaño del compás indica en qué grupos "marchan" las notas en el pentagrama y cómo deben contarse. El número superior "4" indica que se trata de medidas cuádruples. Esto significa que constan de CUATRO tiempos y se cuentan en cuatro tiempos. El número "4" indica que cada tiempo del compás es una negra, que se cuenta en un tiempo: "uno". Es evidente que en un compás de este tamaño caben cuatro negras, dos blancas o una redonda. El tamaño de la medida $\frac{4}{4}$ se lee y se pronuncia - "cuatro cuartos".

Sobre el pentagrama hay una indicación: "Moderadamente". Esto indica la velocidad con la que debes contar los compases. La velocidad de tu interpretación depende de la velocidad de conteo. Sin embargo, los músicos suelen decir "TEMPO" en lugar de "velocidad". Resulta que debes contar y tocar esta pieza a una velocidad moderada, a un tempo tranquilo.

2. EL JUEGO

Arreglado por J. Mercer

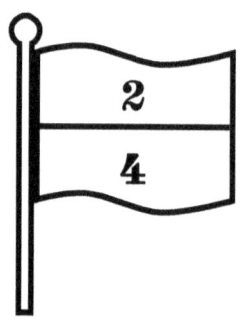

En esta pieza el TAMAÑO de las medidas se indica mediante números: $\frac{2}{4}$. El número superior "**2**" indica que se trata de compases de DOS TIEMPOS. Esto significa que constan de DOS tiempos y se cuentan en dos tiempos. El número inferior "**4**" indica que cada tiempo del compás corresponde a una negra, que se cuenta en un tiempo: "uno". Esto significa que un compás de este tamaño puede contener dos negras o una blanca. La medida del tamaño $\frac{2}{4}$ se lee y se pronuncia: "dos cuartos".

Nota: así como la esfera de un reloj está dividida por números y guiones en intervalos iguales de tiempo, la línea de medida también divide el pentagrama en partes iguales de tiempo.

3. EL TREN PASA

Arreglado por J. Mercer

Antes de tocar esta pieza, imagina que estás en una estación. Un tren se acerca y suena su silbato a lo lejos. El tren se acerca poco a poco, pero no se detiene, pasa rápidamente y desaparece poco a poco en la distancia.

CINCO PIEZAS PARA UNA MANO

Toca estas piezas primero con la mano derecha y luego con la izquierda. Los números *sobre el pentagrama* indican los dedos de la mano derecha con los que debes presionar las teclas al tocar la pieza. Los números *debajo del pentagrama* indican los dedos de la mano izquierda.

¡*Recuerda!* El orden de alternar los dedos y su representación en la notación musical se llama DIGITACIÓN (del latín "presionar").

Al tocar las piezas, primero se presionan las teclas solo con el segundo y el tercer dedo. Luego, el cuarto dedo se une al segundo y al tercero, y posteriormente, al primero y al quinto.

Los primeros dedos, a diferencia de los otros cuatro, presionan las teclas no con las yemas, sino con las superficies laterales. Las imágenes muestran cómo se presionan las teclas con los *Primeros* dedos de la mano derecha e izquierda.

4. EL SOL EN LA VENTANA

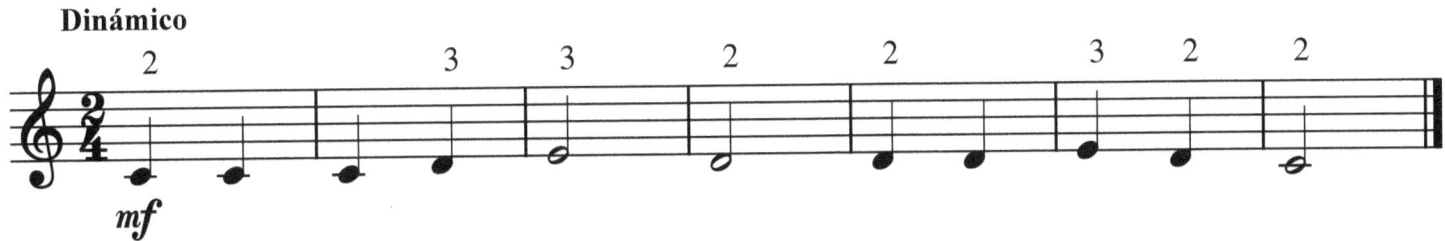

5. COLUMPIO

Balanceándose lenta y suavemente

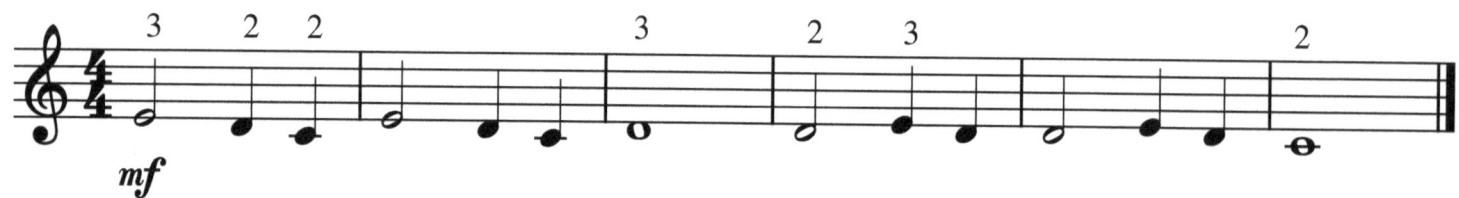

6. COMETA DE AIRE

Despacio

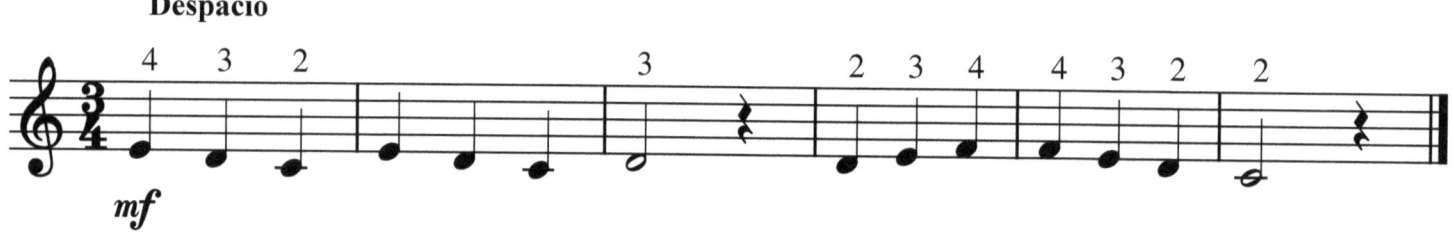

7. PÁJARO CARPINTERO

Dinámico

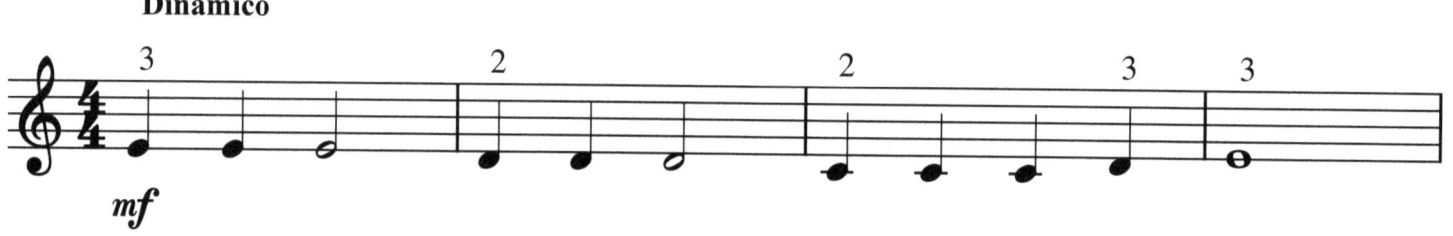

8. NOTAS

Despacio

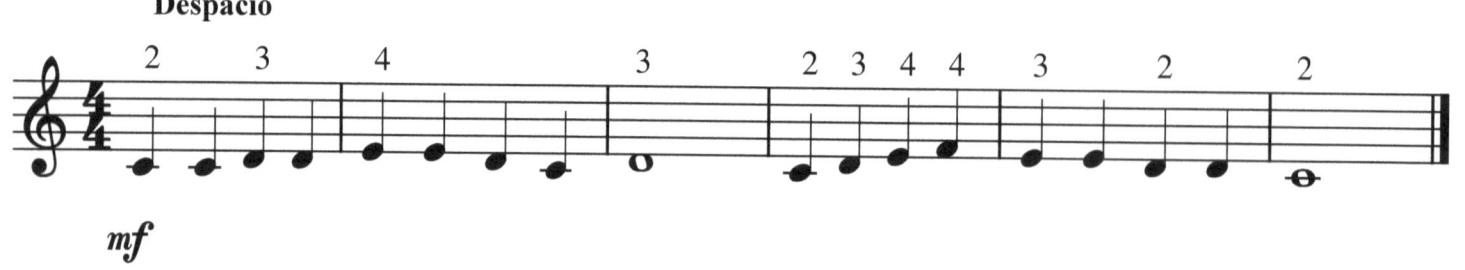

APRENDE A TOCAR CON DOS MANOS
TRES PIEZAS PARA UN DEDO DE CADA MANO

9. EL RELOJ

Arreglado por J. Mercer

Esta pieza está escrita en dos pentagramas a la vez: el superior y el inferior. En el pentagrama SUPERIOR se escriben las notas para la mano DERECHA y en el INFERIOR, para la IZQUIERDA. Ambos pentagramas están unidos por una línea vertical común y una llave, llamada "ACCOLADE". Esta palabra francesa significa "unificación". Al final de ambos pentagramas hay una doble línea vertical común. Esta línea marca el FINAL de la pieza.

En cada compás se ven nuevos signos en los pentagramas superiores e inferiores: ⸱ y ⸱. En los compases 3, 4 y 6, se asemejan a una señal de tráfico de "Prohibido el paso", como se muestra en esta imagen. Estas nuevas señales se llaman PAUSAS y también prohíben tocar en el lugar del pentagrama donde se encuentran. La señal de pausa significa que el sonido de las notas se interrumpe y hay una PAUSA en la melodía. El silencio no se toca, sino que se cuenta en voz alta o mentalmente exactamente como si fuera una nota. Por lo tanto, los silencios tienen la misma duración que las notas normales. Los silencios se indican mediante signos especiales, que se muestran en esta figura.

NOTAS   PAUSAS

NOTA ENTERA — PAUSA COMPLETA - "cuelga" en la cuarta línea

BLANCA — MEDIA PAUSA - "mentiras" en la tercera línea

CUARTA NOTA — CUARTA PAUSA - "abarca" tres líneas centrales

Lo mejor es imaginar que la pausa es una nota SILENCIOSA. Requiere ser contada, pero en sí misma es SILENCIOSA.

Toca la pieza con un dedo de la mano derecha y uno de la izquierda, alternando: el tercero y el segundo.
Finalmente, toca con el segundo dedo de la mano derecha y el tercero de la izquierda. Y luego viceversa: con el tercer dedo de la mano derecha y el segundo de la izquierda.

10. DESPUÉS DE LA LLUVIA

Moderadamente

Arreglado por J. Mercer

Estudiante

Profesor

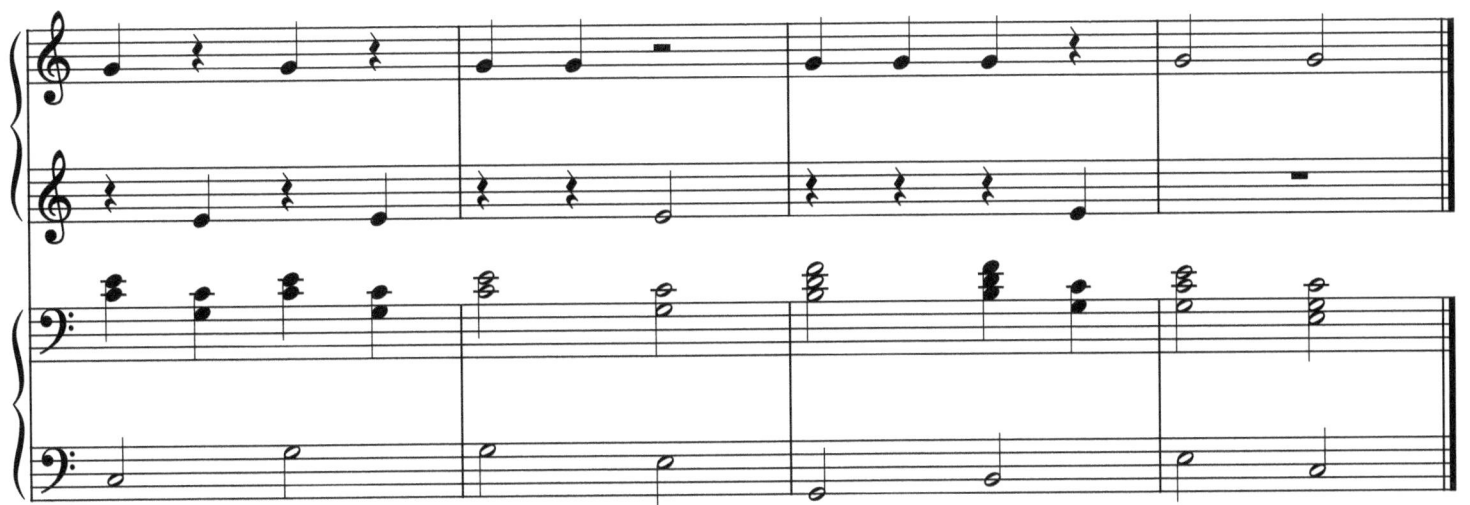

Toca la pieza con un dedo de la mano derecha y un dedo de la izquierda: 3er y 2do. Finalmente, juega con el segundo dedo de la mano derecha y el tercer dedo de la izquierda. Y luego viceversa: con el tercer dedo de la mano derecha y el segundo dedo de la izquierda.

Toca la siguiente pieza, "La Paloma", exactamente de la misma manera.

11. Paloma

Arreglado por J. Mercer

Moderadamente

Estudiante

Profesor

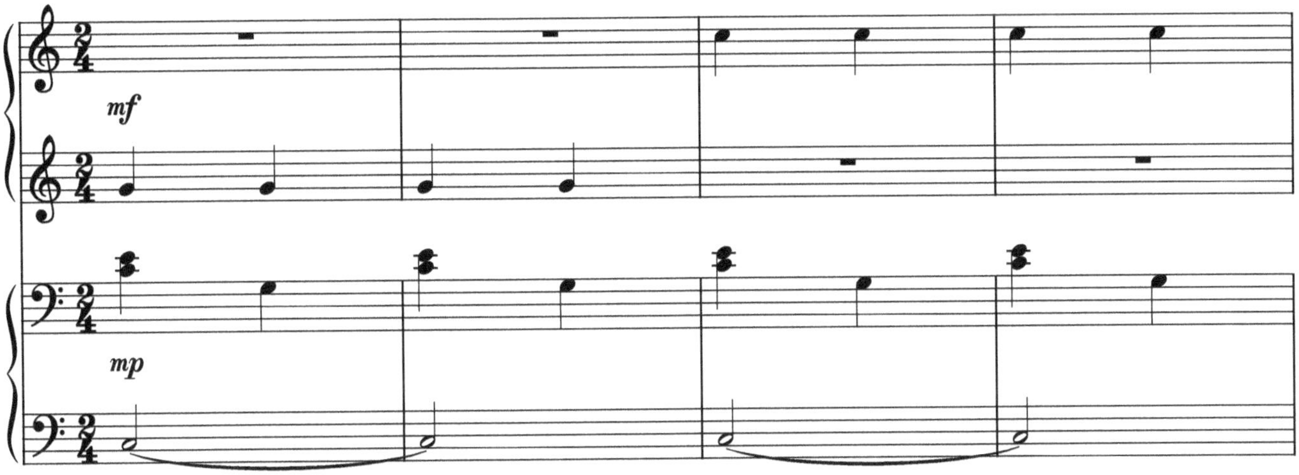

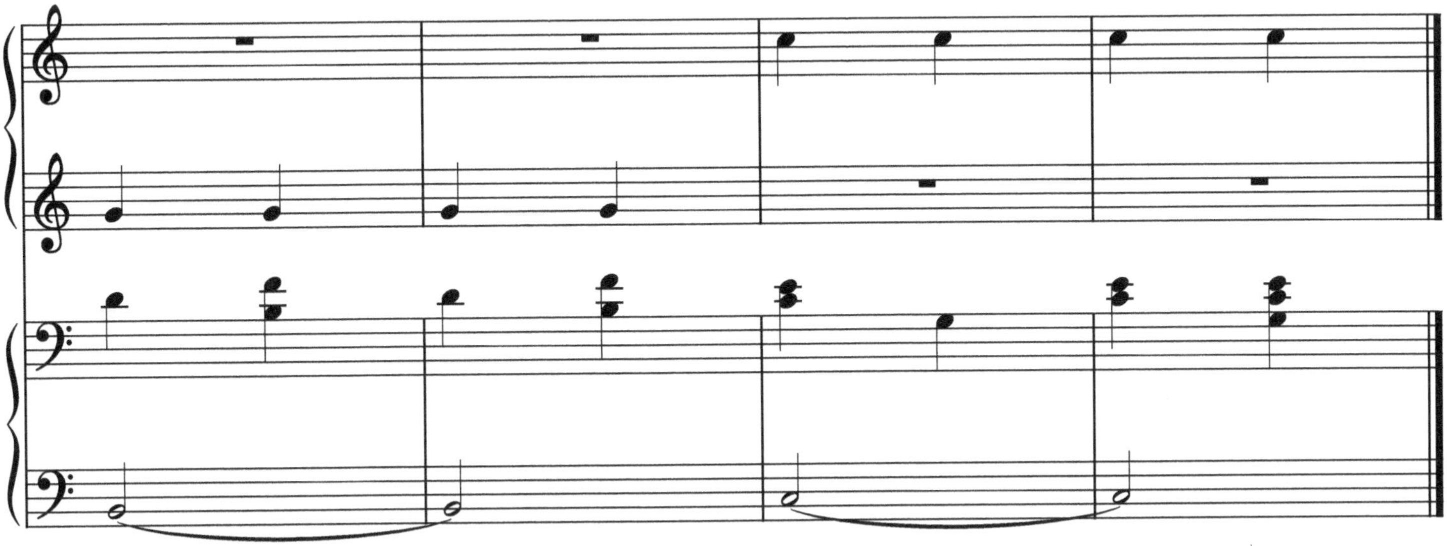

SEIS PIEZAS PARA DOS Y TRES DEDOS DE CADA MANO

12. ÁRBOL DE NAVIDAD
Canción alemana

Arreglado por J. Mercer

Si el tempo está marcado como "Alegremente", necesitas tocar un poco más rápido que en un tempo MODERADO y un poco más alto que el volumen MEDIO. Después de todo, nadie se divierte en silencio y apenas mueve los pies.

SIGUE JUGANDO PIEZAS Y APRENDE A JUGAR CON COHERENCIA

13. Sueño
Canción americana

Arreglado por J. Mercer

En esta pieza, las notas de las medidas 1a, 2a, 3a, 5a, 6a y 7a están conectadas por un arco - ⌣. Este arco se llama - LIGADURA. Las notas conectadas por la ligadura deben tocarse de forma coherente. Antes, se presionaban las teclas de forma que el sonido de una nota se separara claramente del de la siguiente. Se levantaba el dedo de la tecla y, solo entonces, se bajaba el otro dedo y se presionaba la siguiente. Esta forma de tocar el piano se llama no legato. Ahora debes aprender a tocar la segunda forma, llamada legato (coherentemente). De esta manera, el sonido de una nota se transforma, de forma suave e imperceptible para el oído, en el sonido de la siguiente nota. Un sonido fluye suavemente hacia otro, inextricablemente unidos, y la melodía fluye como el agua en un arroyo.

Antes de tocar esta pieza haga un ejercicio útil.

Curva los dedos de la mano derecha y colócalos sobre la tapa cerrada del piano como sueles hacerlo sobre las teclas. Presiona con las yemas de los dedos sobre la superficie de la tapa y pasa suavemente de un dedo a otro: del segundo al tercero, del tercero al cuarto, del cuarto al tercero, y del tercero al segundo. Levanta el dedo de la tapa solo cuando el siguiente dedo ya haya empezado a pisarla. Intenta que estos dos momentos coincidan: un dedo se levanta de la tapa, pero al mismo tiempo el otro empieza a presionarla. Entrena los dedos de la mano derecha, luego de la izquierda, hasta que empiecen a pasar por encima con facilidad y suavidad.

Ahora puedes reproducir la canción "Dream" en modo LEGATO.

Presiona la tecla Do con el tercer dedo de la mano izquierda. Sin levantar la mano, pasa el segundo dedo a la tecla Re adyacente. Presiona Re incluso antes de soltar completamente la tecla C. En cuanto el segundo dedo pase completamente sobre Re y empieces a oír este sonido, retira inmediatamente el tercer dedo de la tecla C. Tus dos dedos deben unir el segundo sonido de Re con el sonido de C.

La mano parece "pasar" de un dedo a otro y de una tecla a otra. Preste atención a lo principal: los dedos "pasan", pero la mano NO SE ELEVA por encima de las teclas. Y, en general, al tocar *legato*, no haga movimientos bruscos ni empujes con la mano, y nunca levante demasiado los dedos. Procure no solo no golpear las teclas con los dedos, sino incluso lo contrario: presione las teclas con un movimiento suave y ligeramente deslizante, como si estuviera limpiando el polvo de la tecla. Por lo tanto, al tocar *legato*, los dedos deben moverse solo en las articulaciones superiores.

Al tocar legato solo se mueven las articulaciones superiores

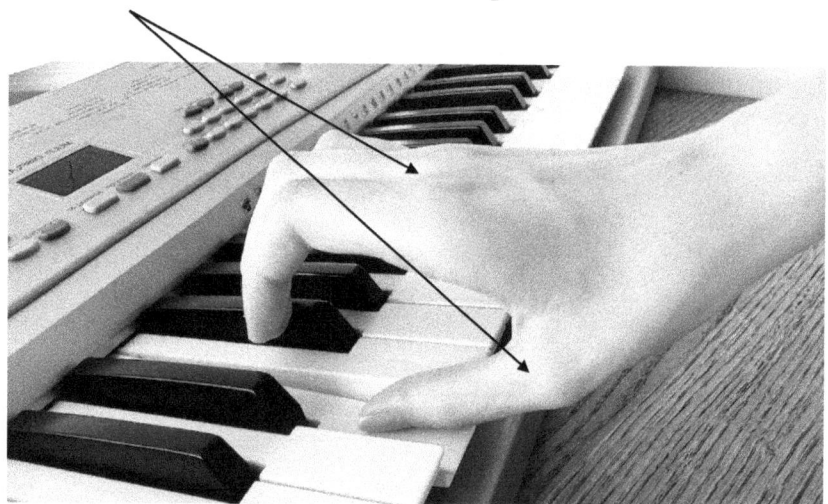

Toca esta pieza tantas veces como puedas hasta que domines el *legato*. Cuenta en voz alta, pero asegúrate de escuchar cómo un sonido sigue a otro e imagina mentalmente cómo sonará cada nota subsiguiente. Los músicos llaman a esto "mantener el oído una nota por delante de los dedos". Entonces tu interpretación se volverá realmente fluida y las teclas del piano "cantarán".

14. MARY TENÍA UN CORDERITO
Canción americana

Arreglado por J. Mercer

Lentamente

Estudiante

Profesor

15. CONEJITO DE MODA
Canción folclórica francesa

Arreglado por J. Mercer

16. Domingo
Canción alemana

Arreglado por J. Mercer

17. POR LA NOCHE
Sobre el tema de una canción escolar alemana

Arreglado por J. Mercer

Moderadamente

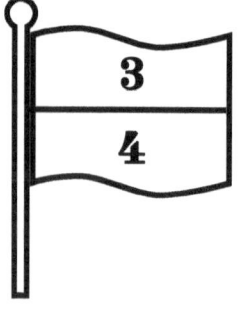

En esta pieza, el TAMAÑO de la medida se indica mediante números: ¾ . El número superior "3" indica que los compases constan de tres tiempos y deben contarse en tres tiempos: "¡Uno, dos, tres!". El número inferior "4" indica que cada tiempo del compás es una negra, que se cuenta en un tiempo: "uno". Esto significa que en un compás de este tamaño puede haber tres negras o una blanca y una negra juntas.

El tamaño de la medida "¾ " se lee y se pronuncia "tres cuartos". Resulta que el número superior dice: "¡Cuenta en tres tiempos: uno, dos, tres!". Y el número inferior dice: "Cada uno es una negra".

CINCO PIEZAS PARA CUATRO Y CINCO DEDOS DE CADA MANO

18. PARA EJERCICIOS

Canción alemana

Arreglado por J. Mercer

Dinámico

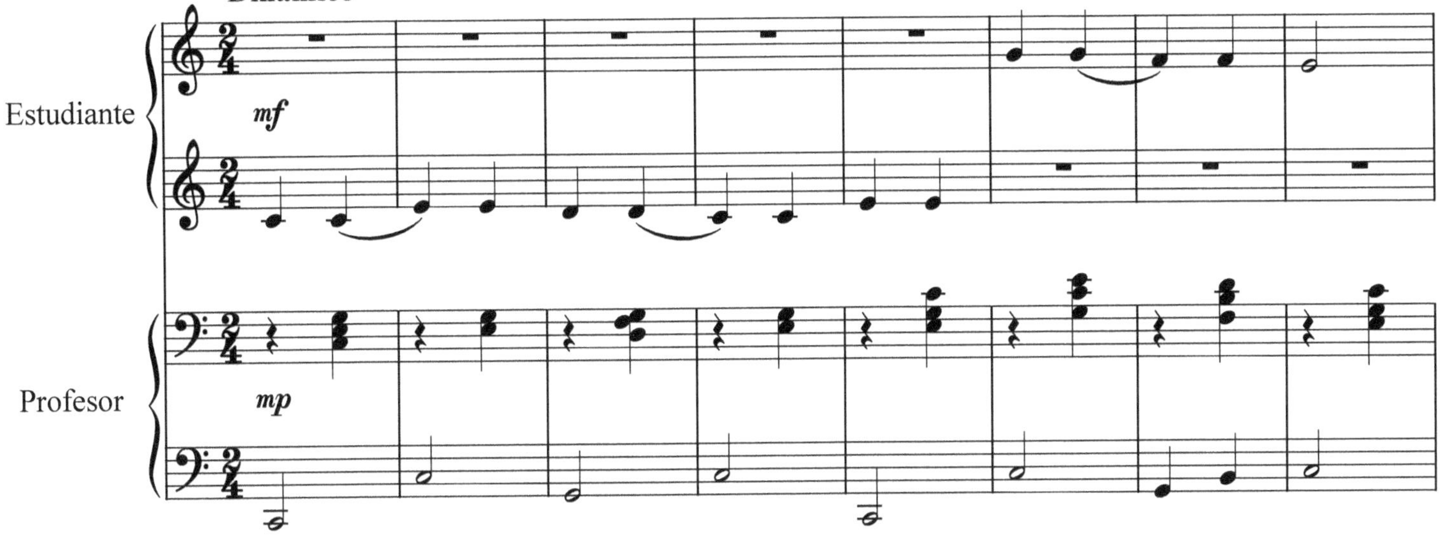

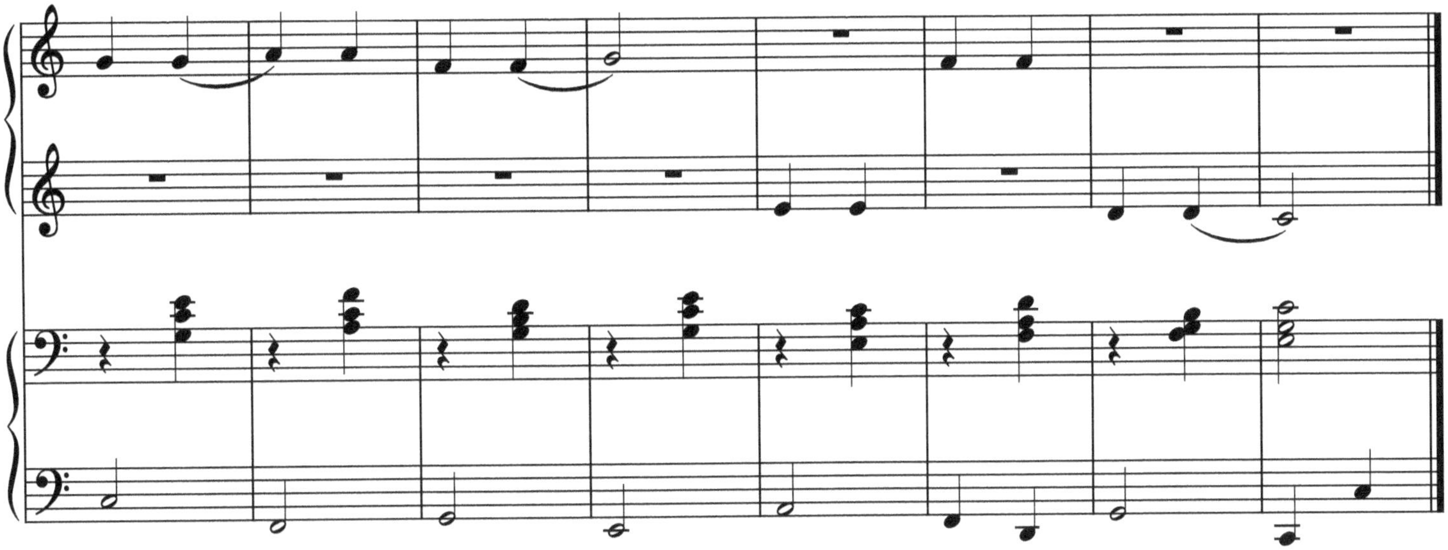

19. Gatito

Arreglado por J. Mercer

Dinámico

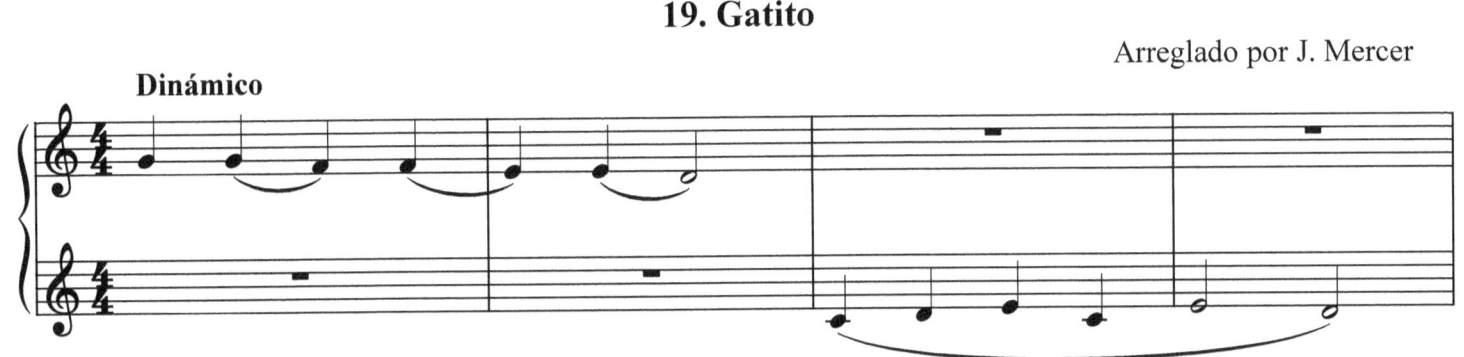

20. POLLY WOLLY DOODLE
Canción americana

Arreglado por J. Mercer

Dinámico

Estudiante

mf

Profesor

mp

Por último, intenta tocar esta pieza una octava más alta para la mano derecha.

21. VALLES TRANQUILOS

Arreglado por J. Mercer

22. PRIMER VALS
Sobre el tema de la balada inglesa "Your Eyes"

Arreglado por J. Mercer

En tempo de vals

Estudiante

Profesor

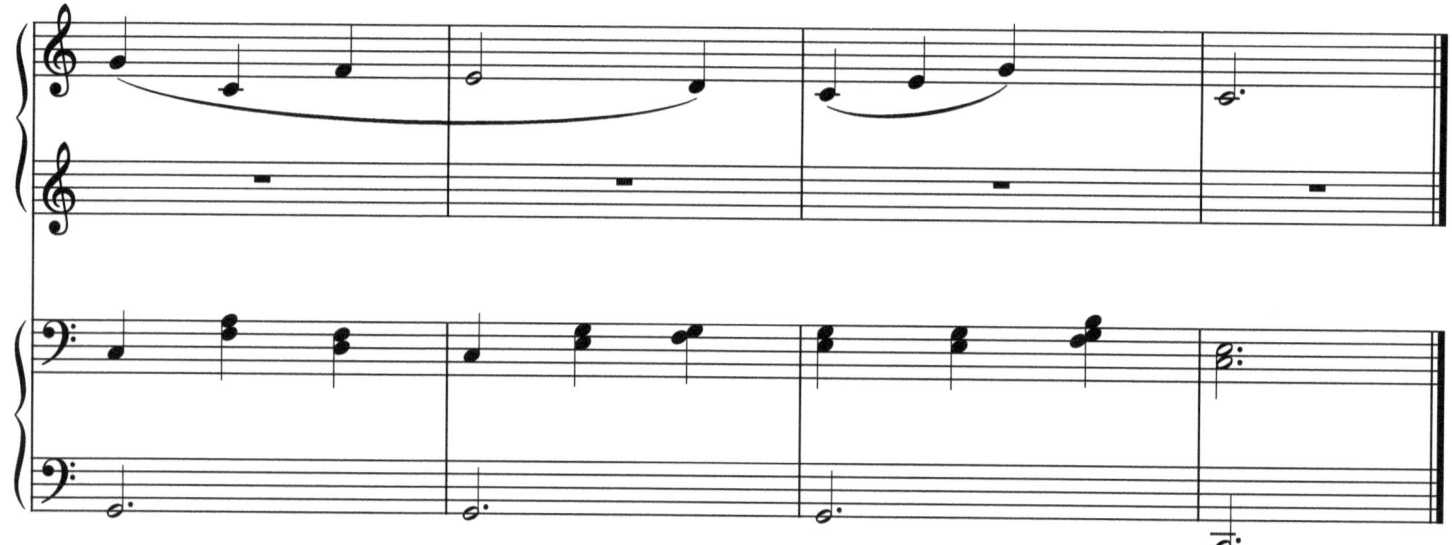

PRIMERAS PIEZAS EN CLAVE DE SOL
CON LAS MISMAS NOTAS PARA AMBAS MANOS

En este pentagrama están escritas siete notas de la PRIMERA octava, siete notas de la SEGUNDA octava y una nota más DO de la TERCERA octava.

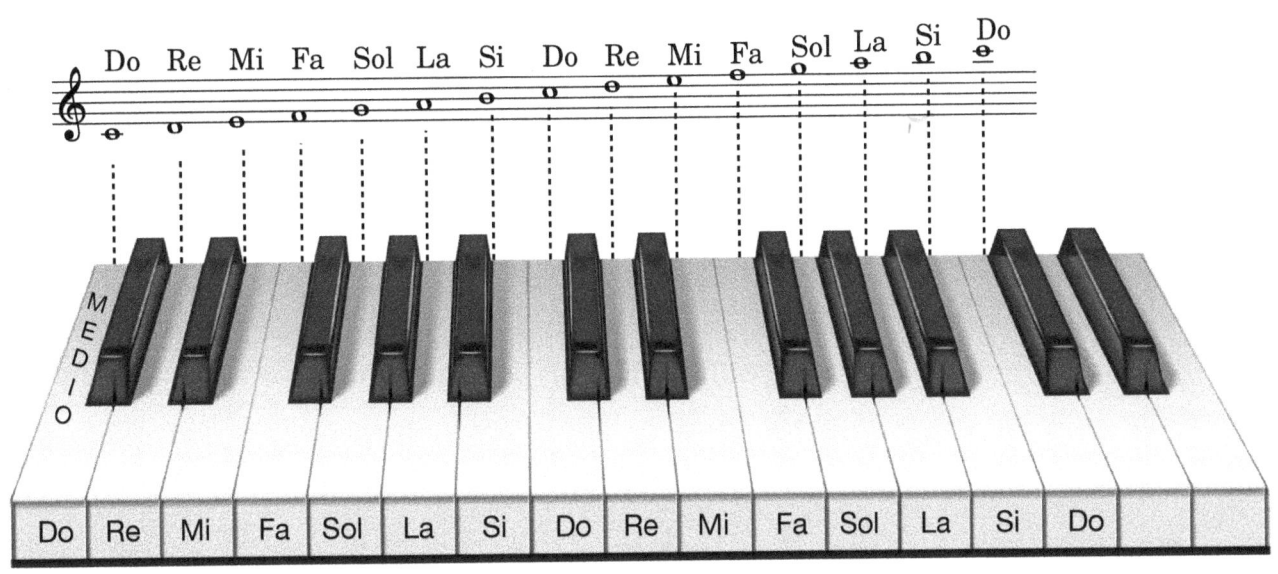

Recuerda cómo se ubican las teclas de la segunda octava en el teclado y las notas de la segunda octava en el pentagrama.

Para jugar bien a videojuegos, necesitas encontrar rápidamente los objetivos deseados en la pantalla. Para tocar bien el piano, necesitas encontrar rápidamente las notas deseadas con la vista.

Esta imagen muestra cuatro líneas de negras. Presta atención a cómo están escritas: si una nota está DEBAJO de la tercera línea, su baqueta está ARRIBA. Si está en la tercera línea o ARRIBA, su baqueta está ABAJO.

Mueva la vista de izquierda a derecha a lo largo de estas líneas y determine mentalmente qué nota está en la LÍNEA y cuál en el ESPACIO. No llame a las notas por su nombre. Recorra las líneas con la vista tres veces. La segunda y la tercera vez, intente recorrer las líneas más rápido.

"Camina" por las líneas tres veces más, pero ahora determina mentalmente en qué línea de COUNT y en qué espacio de COUNT está la nota.

Ahora recorre las líneas con la mirada tres veces y pronuncia mentalmente solo los nombres de las notas que aparecen en ellas. Hazlo más rápido cada vez.

Recorre las líneas con la mirada tres veces y pronuncia mentalmente solo los nombres de las notas que están en los espacios entre líneas. Hazlo cada vez más rápido.

Ahora repasa las líneas tres veces y pronuncia mentalmente los nombres de todas las notas en fila, tanto en las líneas como en los espacios. Intenta hacerlo cada vez más rápido.

Siéntate al piano y coloca estas cuatro líneas de notas frente a ti. Con el segundo dedo de la mano derecha, presiona las teclas en orden y di en voz alta "por nombre" cada nota. Repasa las notas con la vista y las teclas con el dedo cinco veces. Intenta hacerlo cada vez más rápido.

Practica esto antes de cada lección hasta que comiences, casi sin pensar, a nombrar todas las notas "por nombre" y presionar las teclas necesarias.

Al principio, tocará en la primera y segunda octavas, es decir, a la derecha del teclado. Por lo tanto, mueva temporalmente su silla cinco teclas blancas a la derecha. Compruebe de nuevo si ha elegido la altura correcta de la silla. Lo importante es que esta altura le permita sentarse cómodamente al piano y que sus manos adopten automáticamente una posición horizontal al tocar. No presione las manos ni los codos contra el cuerpo al tocar, pero tampoco los suelte demasiado.

Al leer notas y tocar, no se incline demasiado hacia adelante y no se caiga sobre el teclado. Intente modificar la altura de la silla y su distancia del teclado lo menos posible. No lo haga por falta de algo mejor que hacer o sin necesidad.

Enrolle los dedos de ambas manos, como si estuvieran "sosteniendo" bolas de cristal, y mueva las manos hacia el teclado, como se muestra en la imagen.

¡REDONDEARLO!

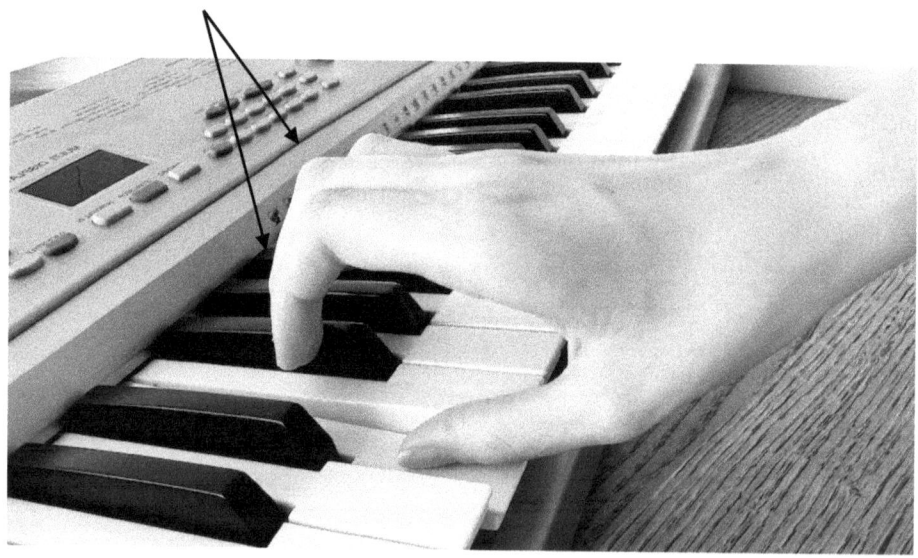

Distribuye los diez dedos sobre las diez teclas blancas como se muestra en la imagen. Con las yemas suaves, toca las teclas suavemente.

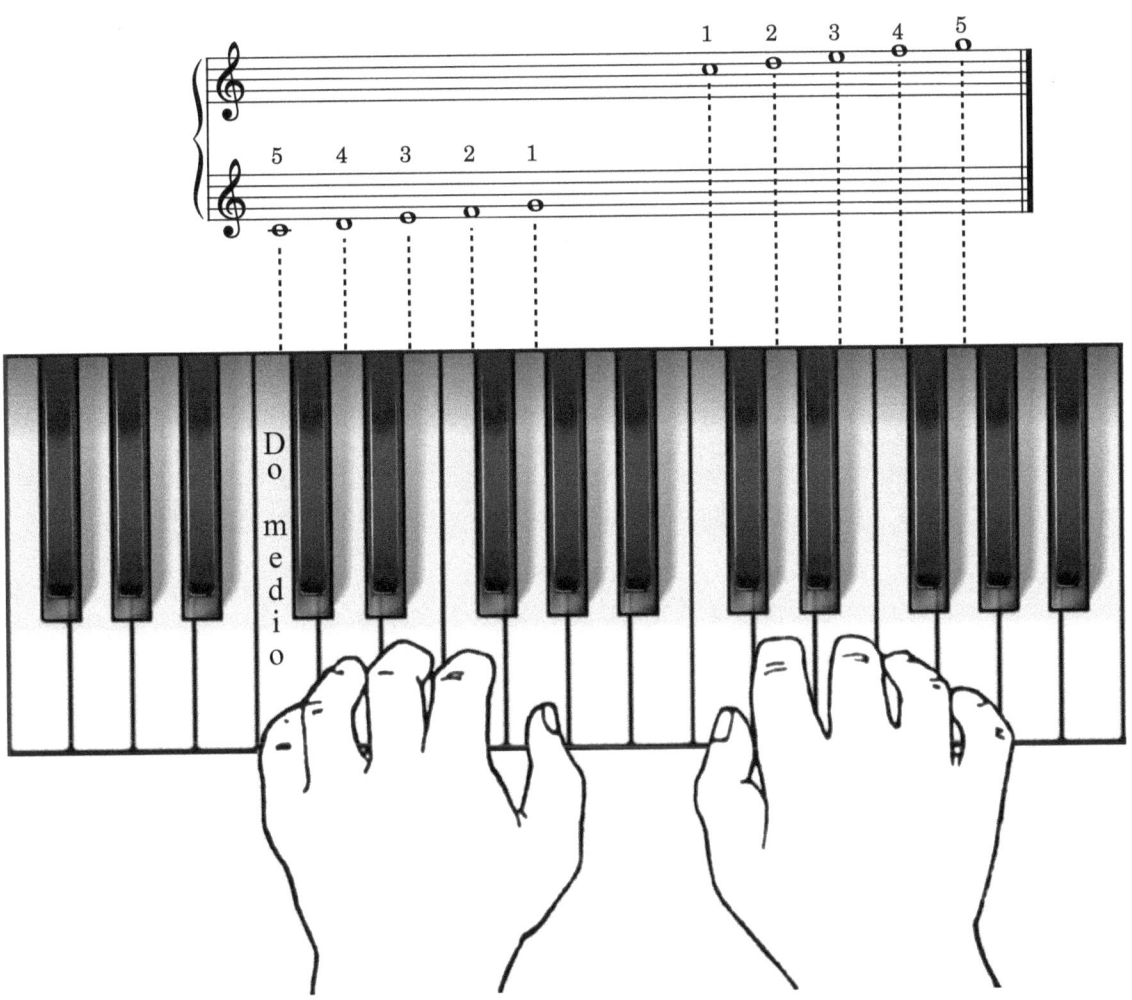

Con el quinto dedo de la mano izquierda, toque la tecla de Do de la primera octava (Do central) y con el primer dedo de la mano derecha, la tecla de Do de la segunda octava. Asegúrese de que las manos y los brazos, desde la muñeca hasta el codo, estén a la misma altura. Es decir, coloque las manos de forma que la muñeca esté alineada con el antebrazo. Después de redondear los dedos, las articulaciones no deben sobresalir; los dedos deben tener una forma redondeada natural. No tense las manos ni las sujete con soltura. Por lo tanto, no doble ni redondee demasiado los dedos.

Los dedos índice y quinto deben estar ligeramente flexionados, de modo que queden aproximadamente en la misma dirección que los dedos índice y quinto. Sus articulaciones se dirigirán hacia afuera. Mantenga las manos sueltas, sin tensión, y luego elija una posición cómoda con una ligera inclinación hacia el dedo índice. Sin embargo, asegúrese de que esta inclinación no sea excesiva, ya que los dedos índice y quinto deben tener suficiente amplitud y libertad de movimiento al tocar. Presione las teclas con las puntas, las yemas suaves de los dedos redondeados. Solo los dedos índice y quinto pueden presionar las teclas con su parte exterior. Tenga especial cuidado de que el dedo índice también presione la tecla con la punta, no con el lateral.

Hay NÚMEROS en el pentagrama superior e inferior. Estos son los números de digitación: la digitación para las manos derecha e izquierda. Debes tocar la posición correspondiente.

Los diez dedos están distribuidos de cierta manera en las diez teclas. Pero los músicos no dicen: "Los dedos están distribuidos", sino: "Los dedos están en posición".

Toque nuevas piezas en esta posición de "diez dedos". Preste especial atención a la posición correcta de la mano y los dedos. No permita que la mano "caiga" hacia el primer o quinto dedo.

23. DE DEDO A DEDO

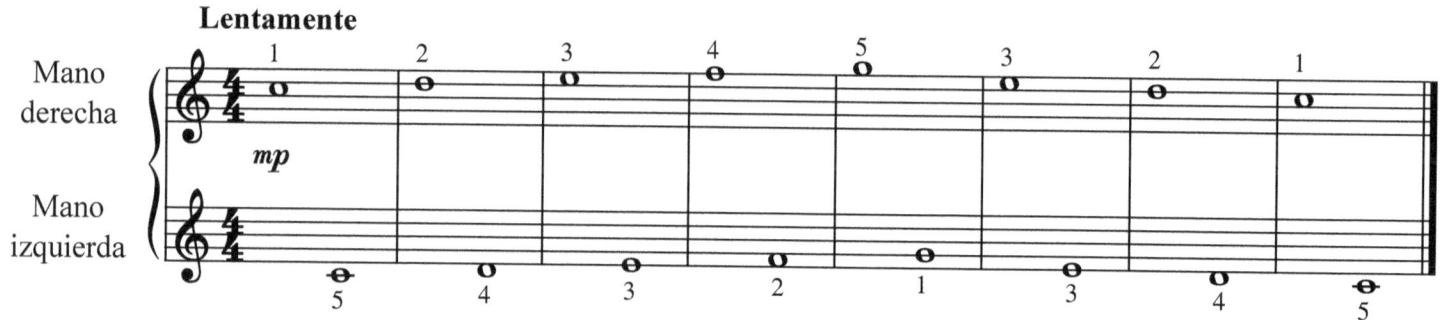

Mientras cuentas "¡Uno, dos, tres, cuatro!", suena una redonda y termina un compás. Recuerda que estás contando con ambas manos a la vez. Asegúrate de que los dedos de ambas manos presionen las teclas al mismo tiempo. Ambas manos tocan la misma melodía. La mano derecha toca una octava más alta.

24. A TRAVÉS DEL DEDO

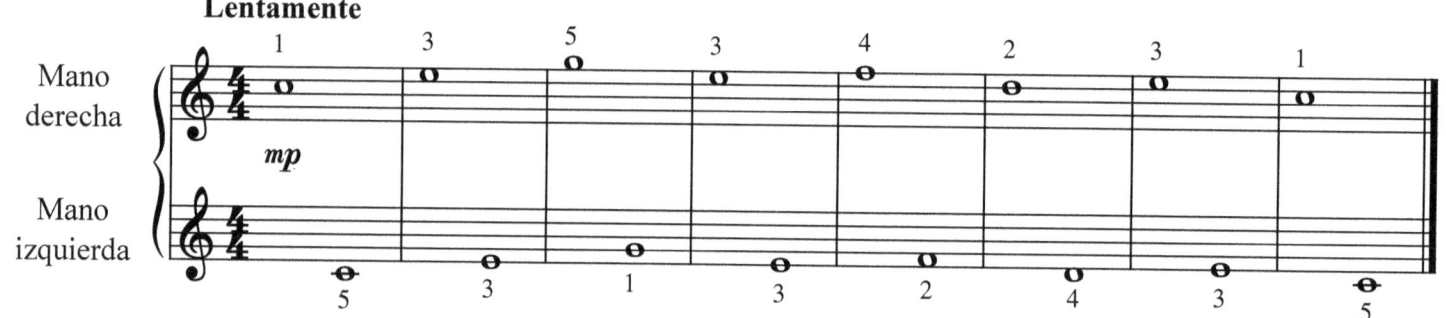

25. EN EL BOSQUE
Sobre el tema de una canción alemana

Arreglado por J. Mercer

Si no puedes tocar una pieza con ambas manos a la vez, aprende primero las notas del pentagrama superior y toca solo con la mano derecha. Luego, aprende las notas del pentagrama inferior y toca solo con la mano izquierda, y solo entonces toca con ambas manos a la vez. *Al aprender nuevas piezas, siempre puedes hacer esto.*

26. CAMPANA DE LA TARDE
Sobre el tema de la canción del mismo nombre

Arreglado por J. Mercer

Esta pieza muestra lo hermosamente que suenan las campanas. Intenta escuchar su repique.

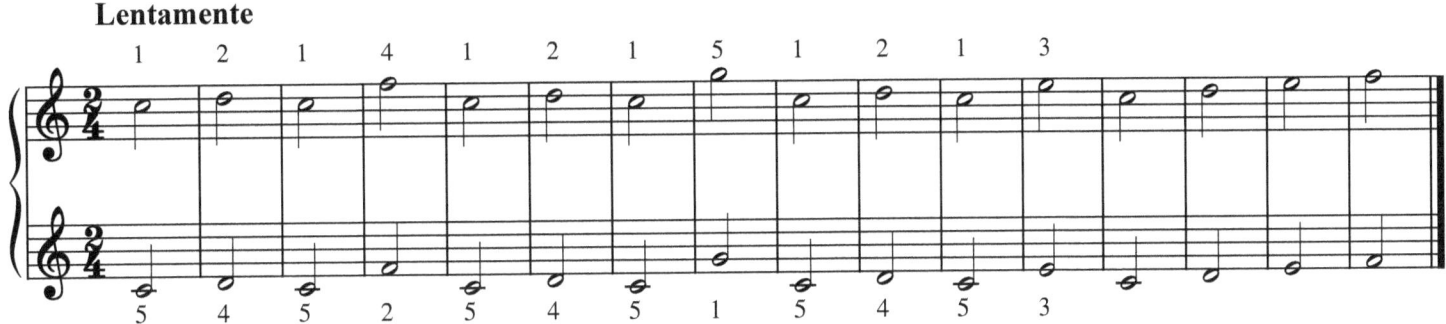

Los últimos compases no indican la numeración de los dedos. Elige tú mismo los dedos que necesites. En los compases 7 y 8, las notas saltan del primer dedo al quinto de la mano derecha y del quinto al primero de la mano izquierda. Por lo tanto, asegúrate de que los dedos se muevan correctamente. La mano no debe girar ni caerse después del primer o quinto dedo.

27. OSO

Arreglado por J. Mercer

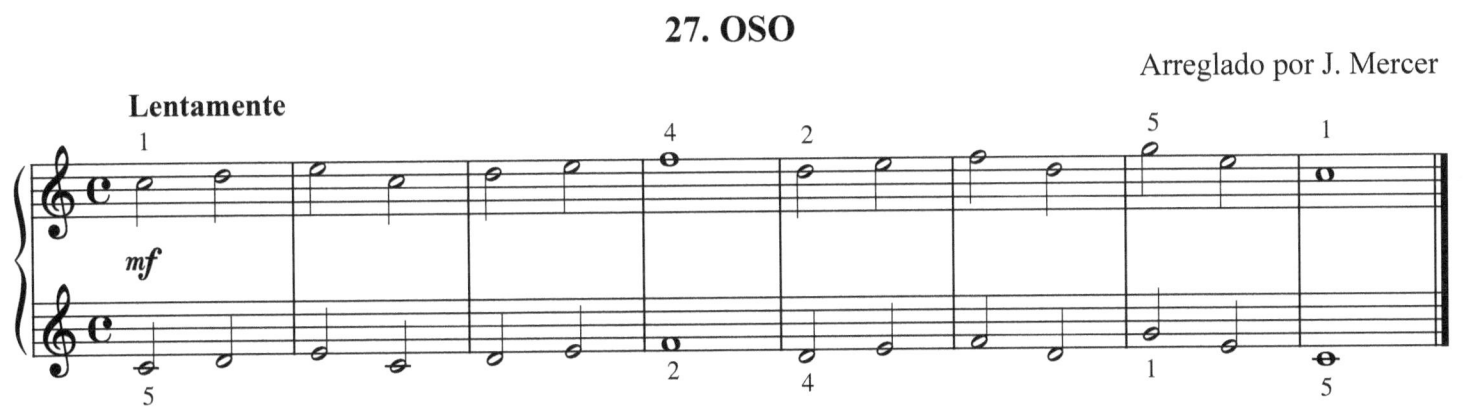

Muy a menudo se utiliza el signo "   " para indicar el tamaño "cuatro cuartos".

𝄴

Antes de tocar piezas con negras, aprende estos ejercicios. Tócalos a una velocidad que te resulte cómoda.

28. 12 pequeños ejercicios
Para la mano derecha

Para la mano izquierda

Al final de cada ejercicio hay un signo especial ‖: . Esta señal se llama SIGNO DE REPETICIÓN. Si está al final de la pieza, entonces debe repetirse desde el principio hasta el final. Si está en el medio, entonces solo se debe repetir una parte de la pieza, de un signo ‖: al segundo signo :‖ .

Toca cada ejercicio varias veces para desarrollar los dedos de las manos derecha e izquierda.

Cuenta en voz alta. Enfatiza con más fuerza el primer negro de cada compás. Para ello, se utilizan tildes en las notas.

Vigile constantemente la posición correcta de la mano y los dedos. Preste especial atención al dedo índice y al dedo meñique.

29. LLUVIA CIEGA
Sobre el tema de una canción popular alemana

Arreglado por J. Mercer

Cuenta las negras y toca de forma UNIFORME. Recuerda la regla principal: nunca ajustes la cuenta al movimiento de tus dedos, sino que siempre ajusta los movimientos de tus dedos a tu cuenta.

Al tocar, no tengas miedo de las notas. No te quedes pegado a ellas. Las notas son solo un alfabeto musical, letras musicales. Son casi iguales a las letras de los libros. Por lo tanto, presta especial atención a tus manos. Ellas "hacen" la música. Mantén tus manos ligeras y relajadas, y deja que tus dedos se muevan con facilidad y precisión.

Tampoco te esfuerces: nadie ha hecho buena música de forma inmediata y sin esfuerzo.

30. CONEJITOS DE LUNA
Sobre la temática de una canción popular alemana

Arreglado por J. Mercer

31. LA ABEJA
Canción popular alemana

Arreglado por J. Mercer

32. DUERME, FLORES DELICADAS
Canción popular alemana

Arreglado por J. Mercer

PIEZAS EN CLAVE DE SOL CON NOTAS DIFERENTES PARA CADA MANO

33. EN EL COLUMPIO
Canción popular alemana

Arreglado por J. Mercer

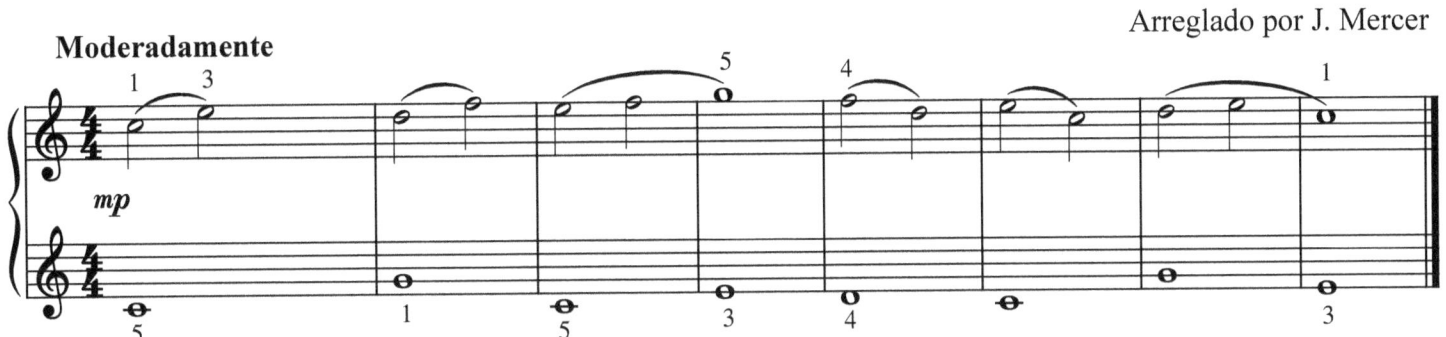

El pentagrama superior tiene blancas y redondas, y el inferior solo redondas. Esto significa que ambas manos deben tocar sus propias notas. Así es como se toca el piano con mayor frecuencia: la mano derecha toca la melodía principal y la izquierda el ACOMPAÑAMIENTO.

Resulta que la mano izquierda acompaña a la derecha y "marcha" con ella en la misma compañía. Y como ambas manos "marchan" por las teclas en la misma compañía, deberían moverse al mismo tiempo y con la misma cadencia general.

34. EN EL PATIO
Sobre el tema de una canción popular alemana

Arreglado por J. Mercer

Los seis signos de ligadura conectan las notas en todos los compases del pentagrama superior, por lo que la mano derecha debe tocar *legato* seis veces seguidas. *Nota*: la ligadura no conecta las notas al azar. Conecta precisamente las notas que, como los versos de un poema, conforman una FRASE musical. Y a partir de estas frases se forma la MELODÍA general.

35. BAILE REDONDO
Canción popular alemana

Arreglado por J. Mercer

La melodía de la pieza consta de dos frases unidas por dos ligaduras. Cada frase, de principio a fin, debe tocarse legato. En los compases 3 y 4, dos notas Sol de la segunda octava se encuentran una junto a la otra bajo una ligadura común. Estas dos notas deben tocarse legato. Sin embargo, no es muy conveniente tocar el quinto dedo de nuevo. Por lo tanto, es mejor tocar la segunda nota Sol del cuarto compás con otro dedo. El más cercano es el cuarto dedo. Para presionar la tecla Sol por segunda vez, toque suavemente el quinto dedo de nuevo, como se indica en las notas y en esta figura.

36. Patines en línea
Canción popular alemana

Arreglado por J. Mercer

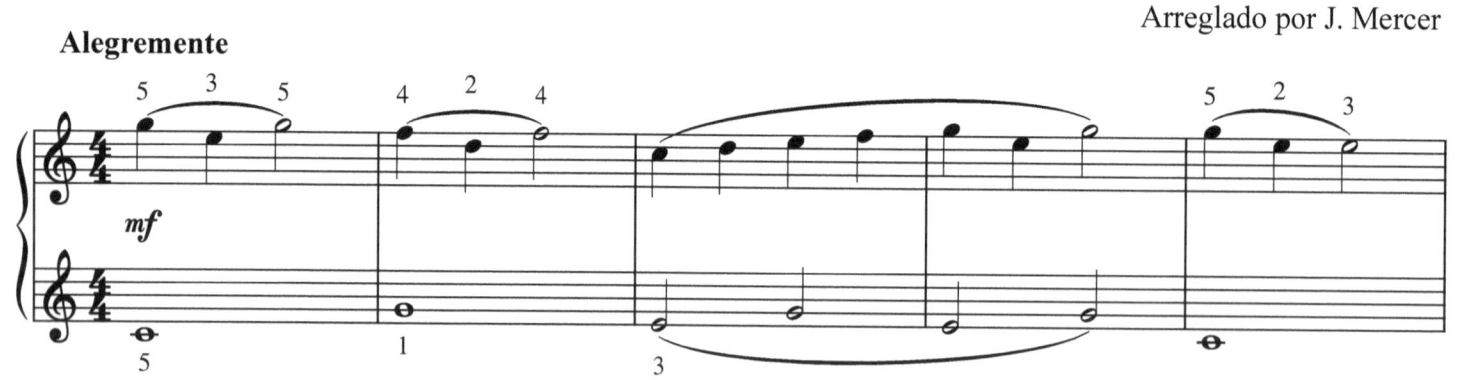

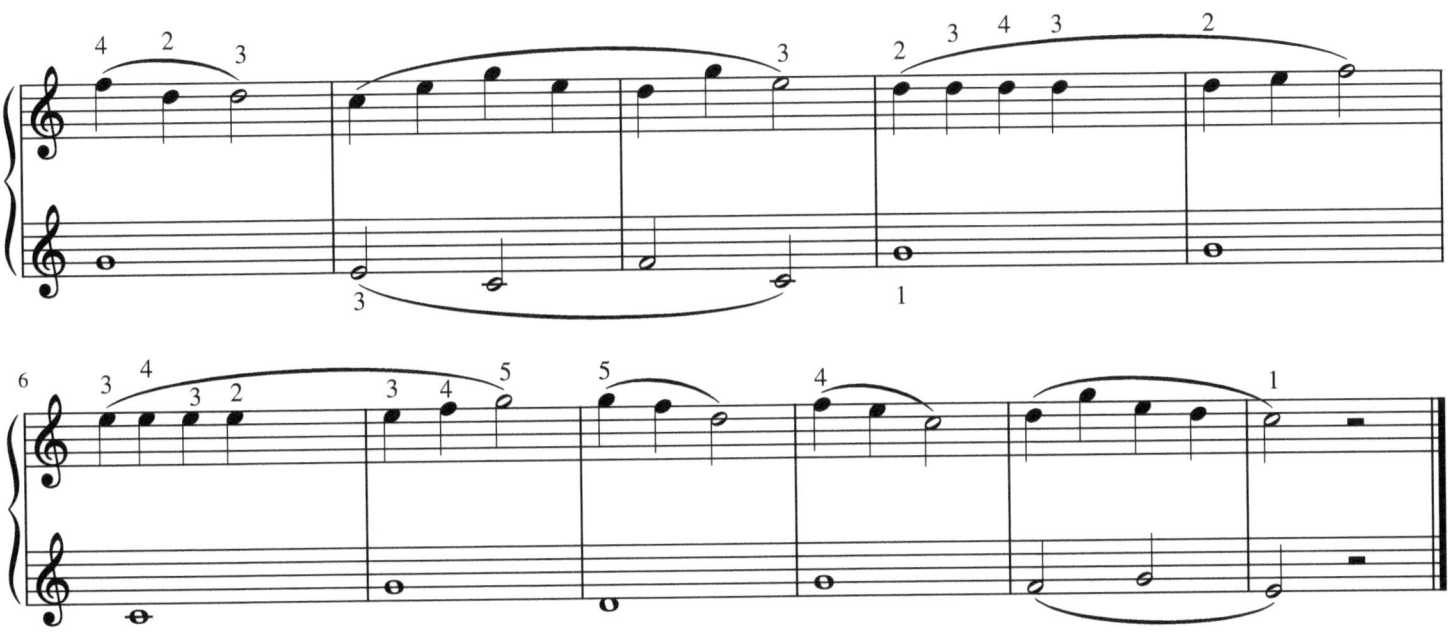

En los compases 5, 6, 9 y 11, la ligadura une notas idénticas adyacentes. Para que estas notas suenen fluidas y coherentes, puede resultar incómodo pulsarlas con el mismo dedo. Para evitar golpear la tecla varias veces con el mismo dedo, es mejor pulsar las notas idénticas una tras otra con los dedos más cercanos y alternar entre ellas, como se indica en las notas. Al tocar en el estilo habitual "no legato", suelen ocurrir los mismos cambios: las notas idénticas adyacentes se pulsan con dedos diferentes.

37. EN EL BOSQUE

Arreglado por J. Mercer

En los compases 3 y 7 del pentagrama inferior, se ve una nueva nota. Esta nota proviene del lado izquierdo del teclado. Se encuentra inmediatamente a la izquierda de la tecla de Do central, como se muestra en esta imagen. Esta es la nota Si, y está escrita debajo de la primera línea adicional del pentagrama. Tocarás esta nota Si con el quinto dedo de la mano izquierda.

En el octavo y último compás del pentagrama superior, hay dos notas Do idénticas. Es mejor tocarlas con dedos diferentes.

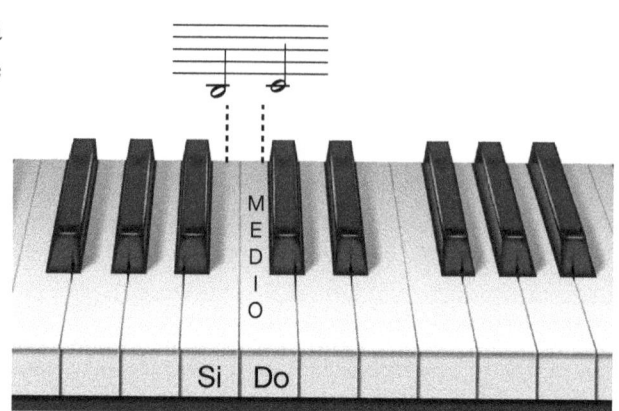

38. CUCO
Canción popular alemana

Arreglado por J. Mercer

En los compases 9 y 11, las mismas notas Re y Mi están juntas. Es mejor pulsar estas teclas con dedos diferentes.

39. DISCO

Arreglado por J. Mercer

50

En el pentagrama inferior de cada compás, junto a la MEDIA nota, hay un PUNTO, como se muestra en esta imagen.

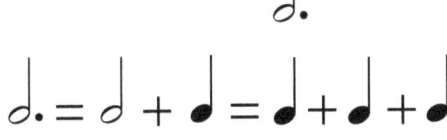

Un punto colocado a la derecha de una blanca alarga la duración de esta nota exactamente en MITAD o exactamente en UNA negra. Se puede considerar que se añadió una negra a la blanca y se obtuvo una nueva nota.

Esta nueva nota se llama "media con punto". Tiene una duración igual a tres negras y se cuenta en tres tiempos: "¡Uno, dos, tres!". Si el compás tiene una longitud de " $\frac{3}{4}$ ", entonces la media con punto equivale a la duración de un compás. Así es exactamente como se escriben todos los compases del pentagrama inferior en la obra.

40. EL VALS DE LAS MUÑECAS
Danza folclórica austriaca

Arreglado por J. Mercer

Lentamente

En los compases 2, 4 y 12 hay blancas con puntillo. Cuéntalas en tres tiempos y sonarán durante todo el compás. En el 8.º compás, en el tiempo "¡dos, tres!" para la mano derecha, hay una nota "silenciosa": un silencio de blanca.

APRENDE A TOCAR PIEZAS CON NOTAS MUY CORTAS

Una nota muy importante en la música es la negra. Porque una negra es un tiempo en los compases de $\frac{2}{4}$, $\frac{3}{4}$, y $\frac{4}{4}$ y una negra es igual a un tiempo de "¡uno!".

Si una negra suena durante dos tiempos, es una blanca. Si se fuerza una negra a sonar durante tres tiempos, se obtiene una blanca con puntillo. Si una negra suena durante los cuatro tiempos, se obtiene una redonda. ¿Y qué ocurre si se divide una negra en dos notas cortas? La música se enriquece, ya que tendrá nuevos sonidos muy cortos. Para obtener notas muy cortas, se divide la duración de una negra en dos partes iguales, y se obtienen dos notas cortas, como se muestra en la imagen. Las nuevas notas se llaman corcheas. Se parecen a las negras, pero tienen una cola extra en la parte superior. Estas notas se llaman corcheas porque en una redonda hay exactamente ocho notas de este tipo "ocultas". Puedes contarlas y comprobarlo tú mismo. Debería quedar todo como en la imagen.

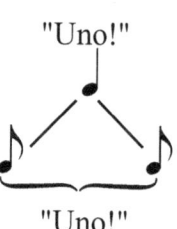

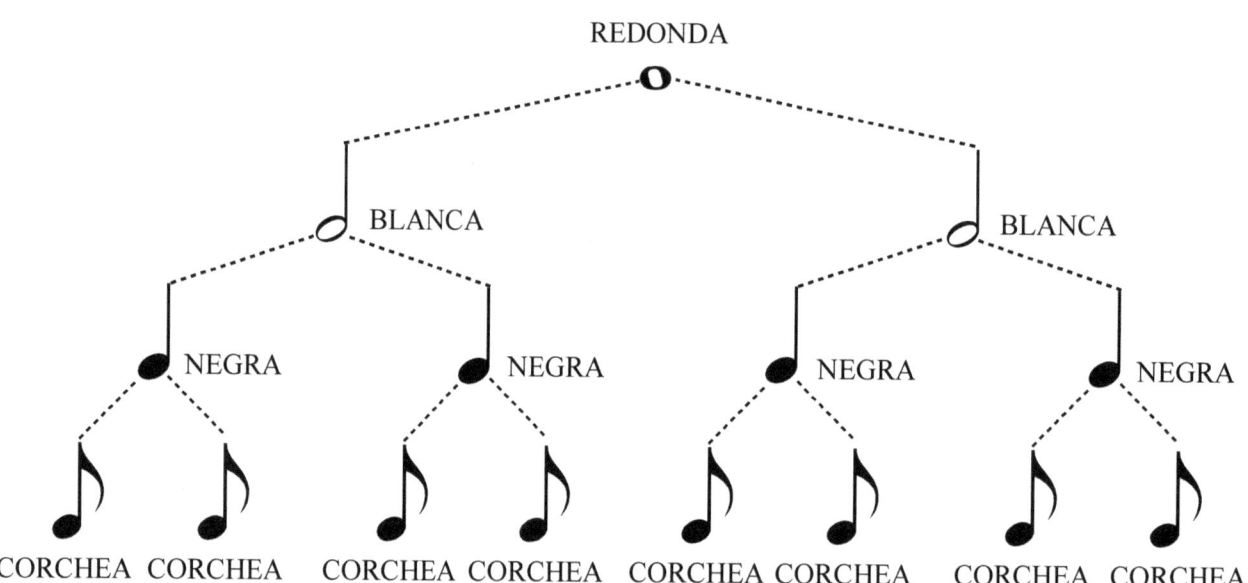

A menudo, por comodidad, las corcheas se representan en "paquetes" completos de dos, tres, cuatro o incluso más, como se muestra en esta imagen. La barra transversal que une las corcheas se llama "paquete".

Una negra equivale a un tiempo: "uno". Por lo tanto, la corchea debe sonar exactamente la mitad del tiempo. ¿Qué hacer? Para ello, se debe dividir un tiempo "uno" por la mitad usando la palabra "y". En un tiempo, se necesita tiempo para decir: "¡UNO - Y!" y pulsar las teclas dos veces; en el segundo tiempo, decir: "¡DOS - Y!" y pulsar las teclas dos veces; en el tercer tiempo, "¡TRES - Y!"; en el cuarto tiempo, "¡CUATRO - Y!". Y así sucesivamente en cada tiempo, pulsar las teclas dos veces.

Cuente las corcheas como se muestra en esta imagen.

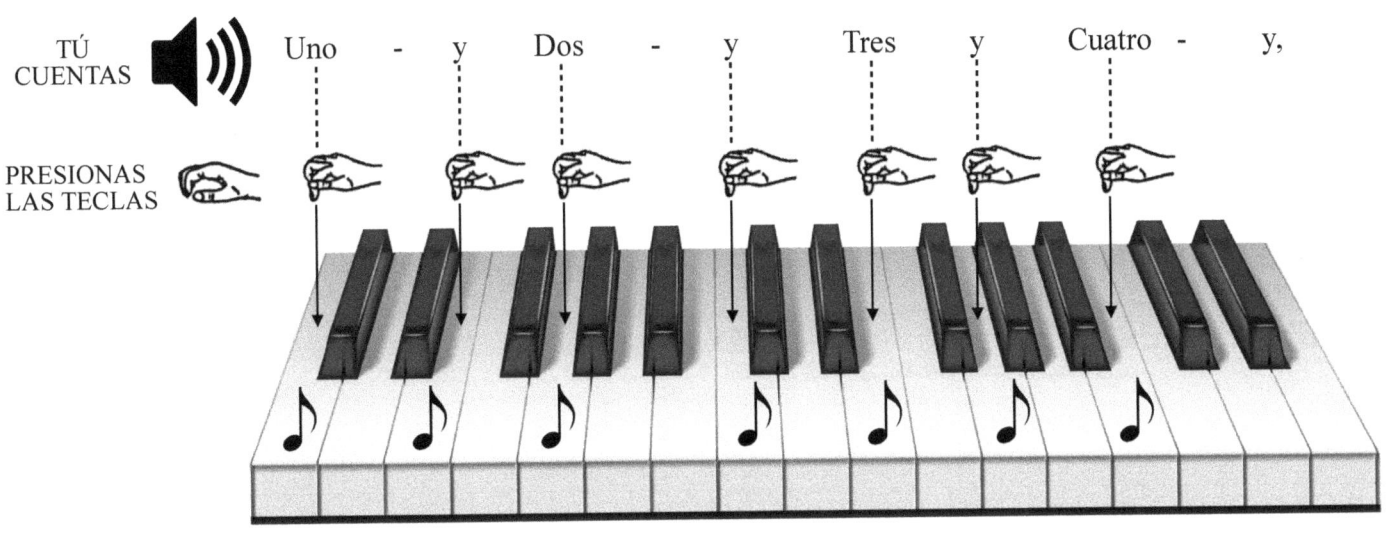

Tres pequeños ejercicios para la mano derecha

Tres pequeños ejercicios para la mano izquierda

41. EL CABALLO
Canción inglesa

Arreglado por J. Mercer

En los compases 1 y 8 de la pieza "El Caballo" se ven nuevos signos: ⅞. Estos son silencios de corchea. Al igual que otros silencios (redonda, blanca y negra), interrumpen el sonido de la melodía. La duración del silencio de corchea es igual a la de la corchea, por lo que estos silencios también se cuentan dividiendo un tiempo por la mitad: "Uno-Y", "Dos-Y", etc.

Nota: no hay interrupción en el sonido en esta pieza, porque mientras una mano no está tocando ("en silencio"), la otra toca.

42. JUNTO AL ARROYO DEL BOSQUE

Arreglado por J. Mercer

Cuenta las corcheas como acabas de hacer. Por cada negra en la mano izquierda, hay dos corcheas en la derecha.

43. JUNTO AL ARROYO DEL BOSQUE

Aprende y toca la pieza "Junto al arroyo del bosque" con nuevas notas. La melodía ahora se toca con la mano izquierda y el acompañamiento con la derecha.

11. GATITO EN LAS LLAVES

Arreglado por J. Mercer

En la primera parte de la pieza, la mano derecha toca corcheas y la izquierda blancas. En la segunda parte, es al revés: la mano izquierda toca corcheas y la derecha blancas. Sin embargo, tanto en la primera como en la segunda parte, hay cuatro corcheas por blanca, y deben sonar tan largas como una blanca. La pieza debe tocarse en non legato, ya que el gatito recorre las teclas de forma muy irregular.

45. ¡BUENOS DÍAS A TODOS!

Arreglado por J. Mercer

En los compases 6 y 7 de la pieza hay un nuevo ⊓ signo para ti. La nota por encima o por debajo de la cual se encuentra este signo debe tocarse con especial claridad. La tecla debe presionarse con fuerza y debe mantenerse la duración completa de la nota.

55

46. EN UNA BICICLETA

Arreglado por J. Mercer

Moderadamente

La melodía de esta pieza debe tocarse en *legato*, ya que la bicicleta casi siempre se mueve con suavidad.

En el segundo compás, cambia la posición de la mano derecha sobre las teclas y muévela una tecla a la derecha. Entonces, el dedo índice estará sobre la tecla de Re de la segunda octava, como se indica en las notas. En la segunda mitad del cuarto compás, hay un silencio de blanca en el pentagrama superior. Mientras la mano derecha esté en silencio, debes tocar cuatro corcheas con la mano izquierda.

En el séptimo compás, tocas la nota Si en el pentagrama superior con el dedo índice.

PIEZAS EN CLAVE DE SOL Y DE FA PARA DOS MANOS

Esta imagen muestra el lado izquierdo del teclado. Su disposición es la misma que la del lado derecho.

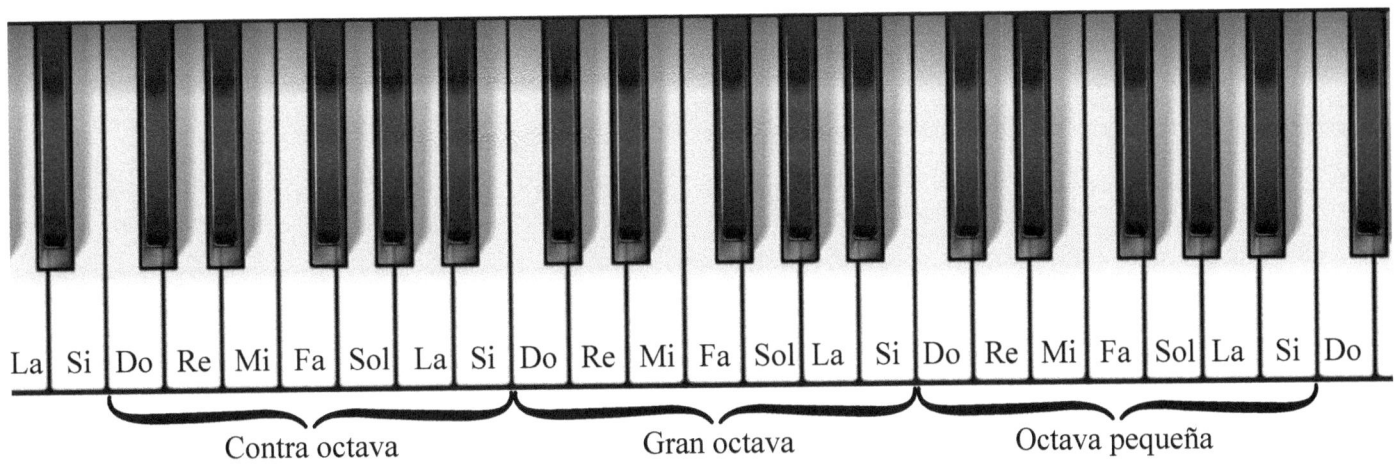

A la izquierda de la tecla central de Do hay tres octavas: MENOR, MAYOR y CONTRAOCTAVA. Las tres teclas "extra" más a la izquierda (dos blancas y una negra) forman parte de una SUBCONTROCTAVA incompleta.

Para tocar en el lado izquierdo del teclado es necesario recordar cómo están ubicadas las teclas de las octavas PEQUEÑA y GRANDE en el teclado y las notas de estas octavas en el pentagrama inferior.

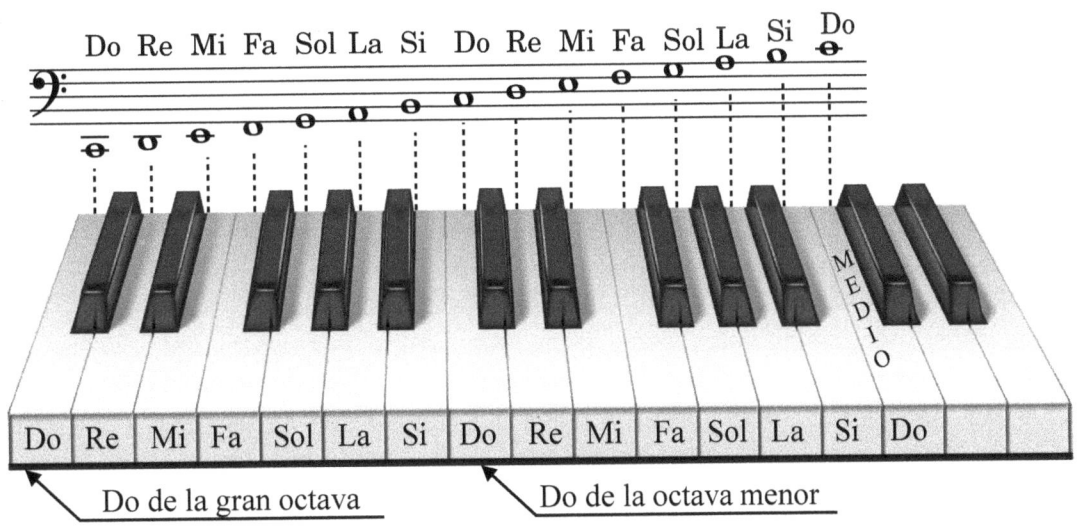

La parte izquierda del teclado se suele tocar con la mano izquierda, por eso se muestra el pentagrama inferior en la imagen. Al principio de este pentagrama hay una tecla que cuelga. Esta tecla se llama clave de Fa y cierra la cuarta línea, de modo que queda claro que esta línea está ocupada por la nota Fa de la octava menor, como se muestra en la imagen. Aprende a dibujar la clave de Fa como se muestra en la imagen. Traza la clave de Fa que ya está dibujada.

Observa el dibujo del pentagrama y recuerda cómo se ubican las notas de las octavas pequeñas y grandes en el pentagrama INFERIOR y las teclas en la parte IZQUIERDA del teclado.

En esta imagen hay tres líneas de notas escritas en el pentagrama inferior y bloqueadas por la clave de fa.

Mueva la vista de izquierda a derecha, primero por la línea superior y luego por la inferior. Pronuncie mentalmente los nombres de todas las notas en fila, tanto en las líneas como en los espacios entre ellas. Repita este "paseo" 5 veces, aumentando la velocidad cada vez.

Con el segundo o tercer dedo de la mano izquierda, presiona las teclas en orden y di en voz alta cada nota por su nombre. Recorre las notas con la vista y las teclas con el dedo cinco veces. Intenta hacerlo cada vez más rápido.

Practica esto antes de cada lección hasta que comiences, casi sin pensar, a llamar a todas las notas de la octava pequeña y a la mitad de las notas de la octava grande "por nombre" y presionar las teclas necesarias.

Observa la imagen grande de la página siguiente, que contiene la escala completa de tu piano.

Las notas agudas, desde el Do central hacia arriba, se escriben en el pentagrama SUPERIOR. Las notas graves, desde el Do central hacia abajo, se escriben en el pentagrama INFERIOR. La escala completa consta de SIETE octavas y cuatro teclas adicionales: la del extremo derecho y las tres del extremo izquierdo. No necesitas saber la ubicación de todas estas notas y teclas todavía. No necesitarás muchos de estos sonidos durante mucho tiempo.

Para tocar bien con la mano derecha, las teclas de la primera, segunda y media octava te bastarán. Y para tocar bien con la mano izquierda, la octava menor y media octava mayor te bastarán para empezar. Por lo tanto, entre todas las teclas del piano, estas son tus mejores amigas. Estos sonidos y teclas son para un pianista lo que el corazón es para una persona. Por lo tanto, deberías poder ver la ubicación de las teclas y notas en este "corazón" incluso con los ojos cerrados. Para que te sea más fácil comprender cómo está organizado el "corazón" de tu escala de piano, este "corazón" se muestra en una página aparte.

Esta imagen muestra cómo se conectan dos pentagramas: el superior con la clave de Sol y el inferior con la clave de sol. Para evitar que se desconectasen, se sujetaron, como con un clip, con una línea central común, y la nota Do central se colocó sobre esta línea. Por lo tanto, la línea central, de la que cuelga Do central, se convirtió en una línea adicional común para dos pentagramas a la vez. Para el pentagrama superior, esta es la primera línea adicional inferior, y para el pentagrama inferior, la primera línea adicional superior.

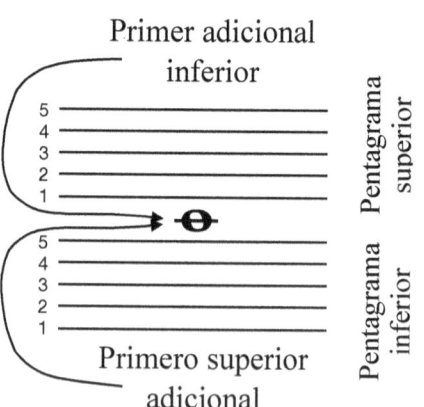

ESCALA COMPLETA DE TU PIANO

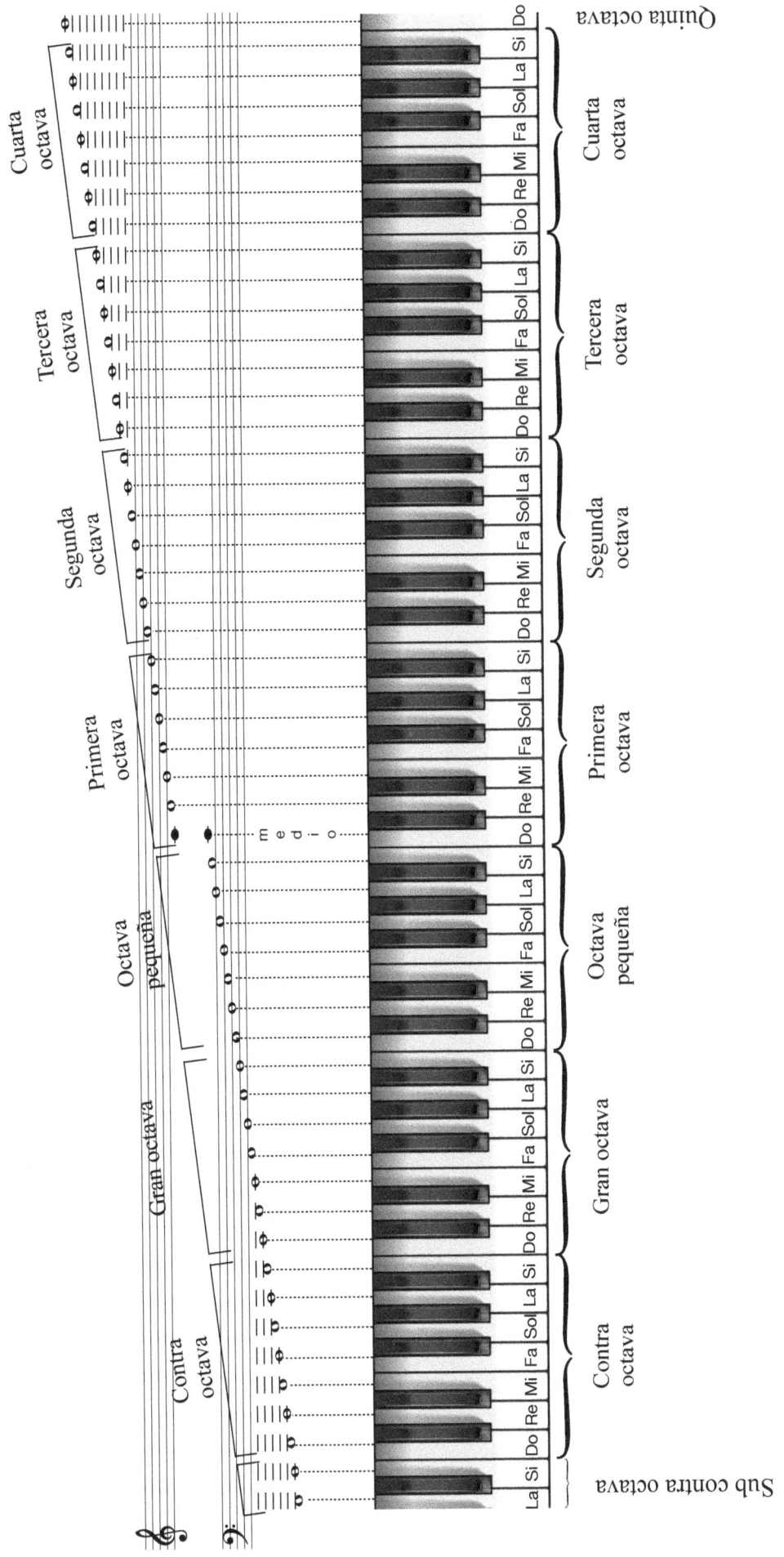

59

"EL CORAZÓN" DEL ACORDE SONIDO

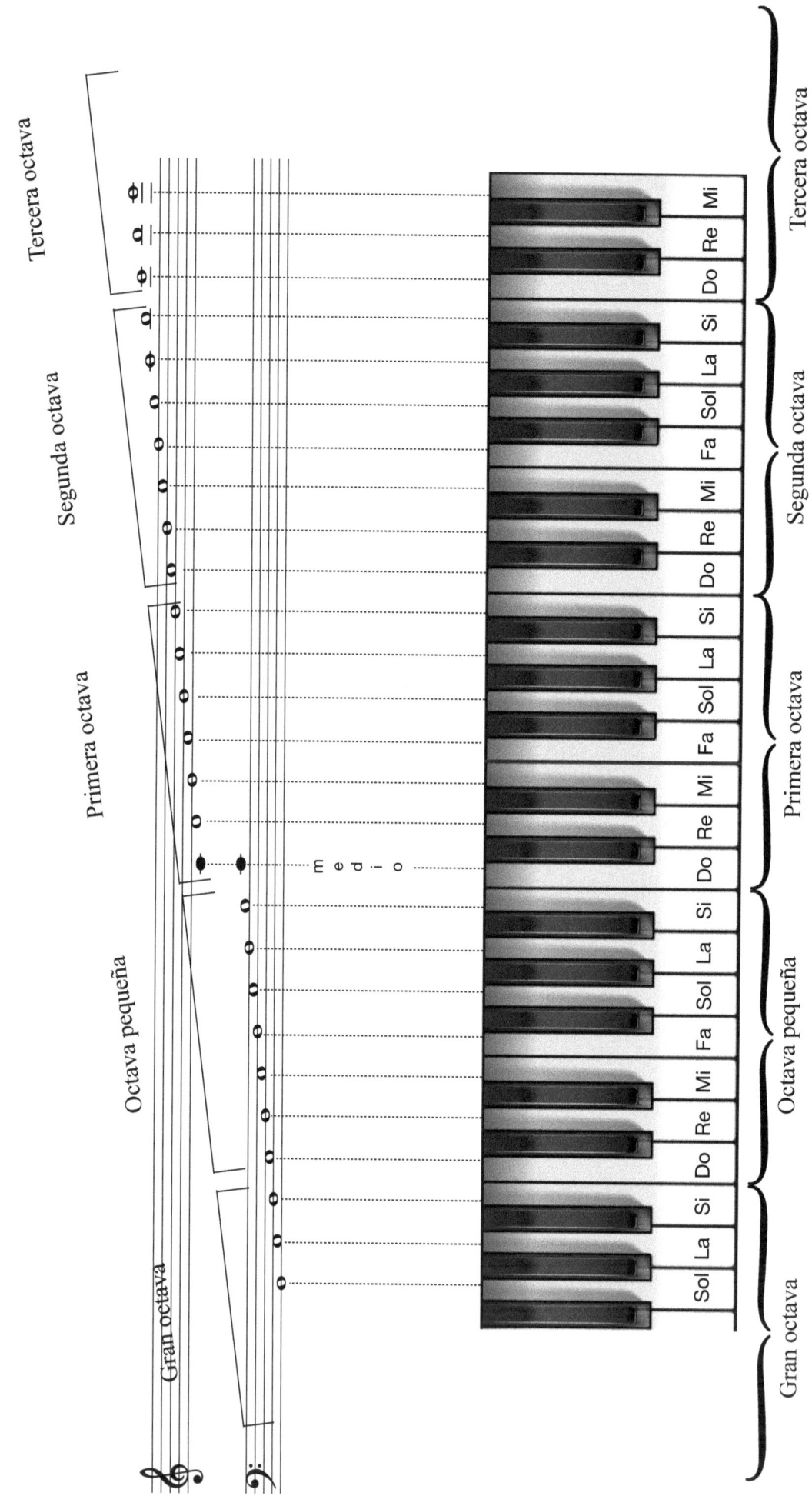

Y este dibujo te ayuda a recordar rápidamente cómo están ubicadas las notas en los pentagramas superiores e inferiores.

Tenga en cuenta: las notas Do de diferentes octavas escritas en los pentagramas superiores e inferiores se reflejan como en un espejo.

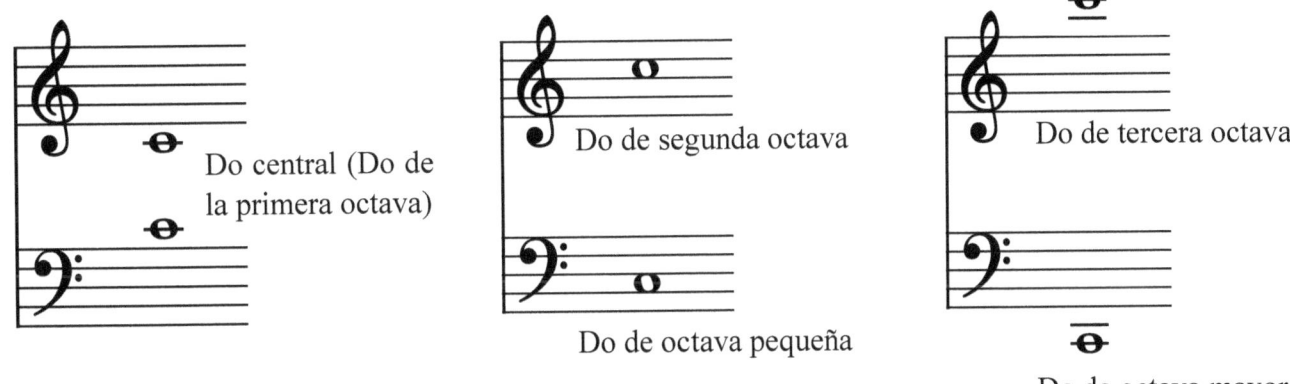

Do central (Do de la primera octava)

Do de segunda octava

Do de octava pequeña

Do de tercera octava

Do de octava mayor

Antes de tocar piezas en clave de Sol y en clave de Fa con ambas manos, coloque su silla correctamente frente al MEDIO del teclado.

47. BRISA DEL MAR
Melodía estadounidense "Breeze"

Arreglado por J. Mercer

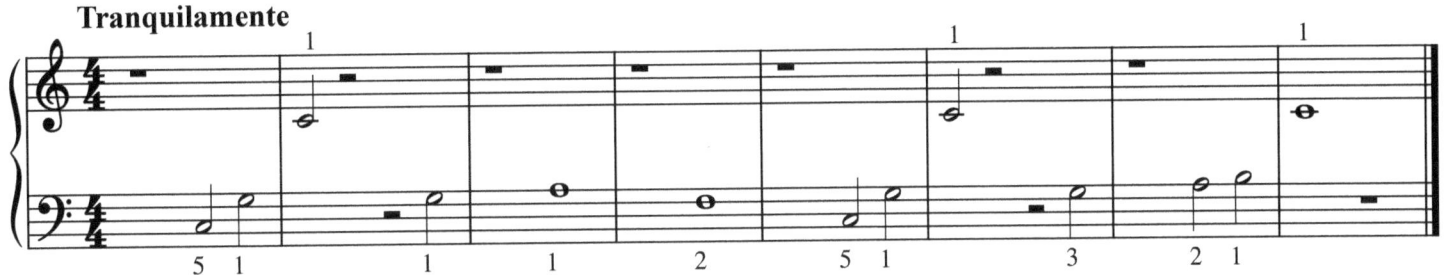

48. NOCHE

Lentamente

Arreglado por J. Mercer

49. MANO IZQUIERDA HACIA ABAJO Y HACIA ARRIBA

Lentamente

Arreglado por J. Mercer

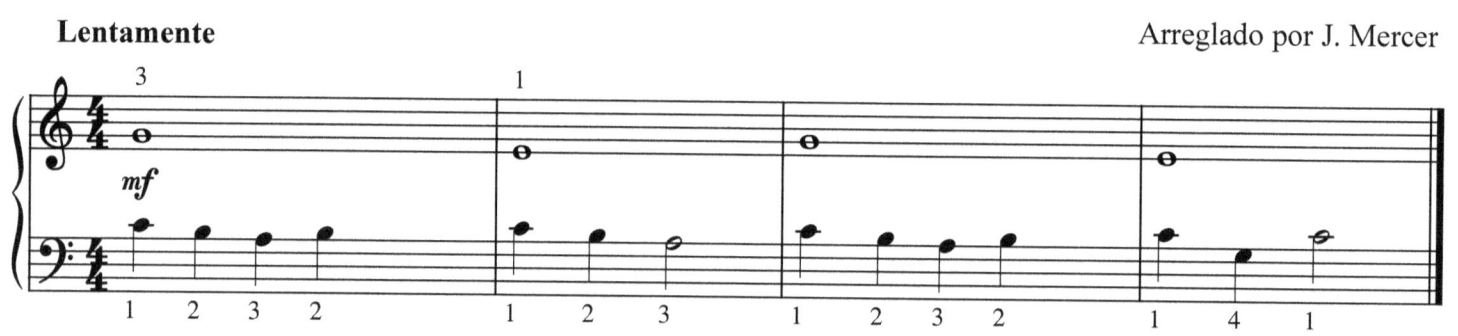

50. MANO IZQUIERDA ARRIBA Y ABAJO

Lentamente

Arreglado por J. Mercer

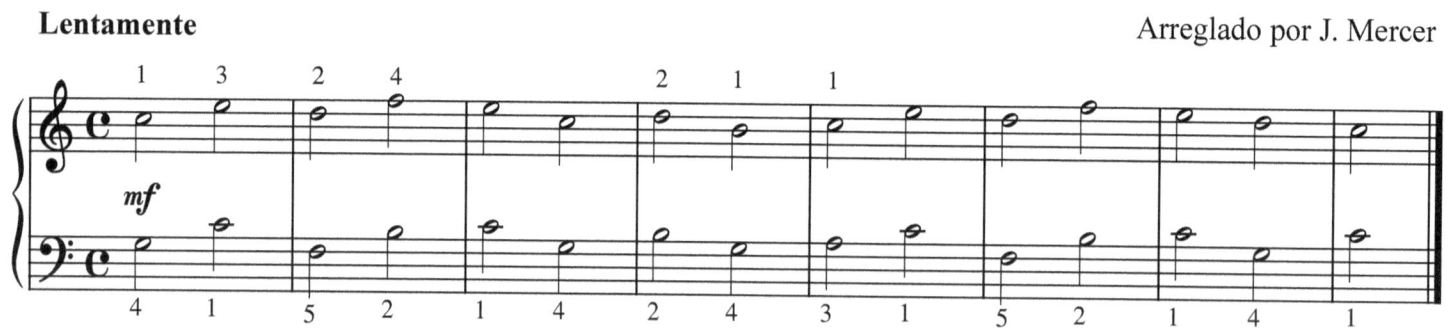

Distribuye los dedos sobre las teclas de las octavas menor y primera como se muestra en esta imagen. Toca las teclas con las yemas de los dedos.

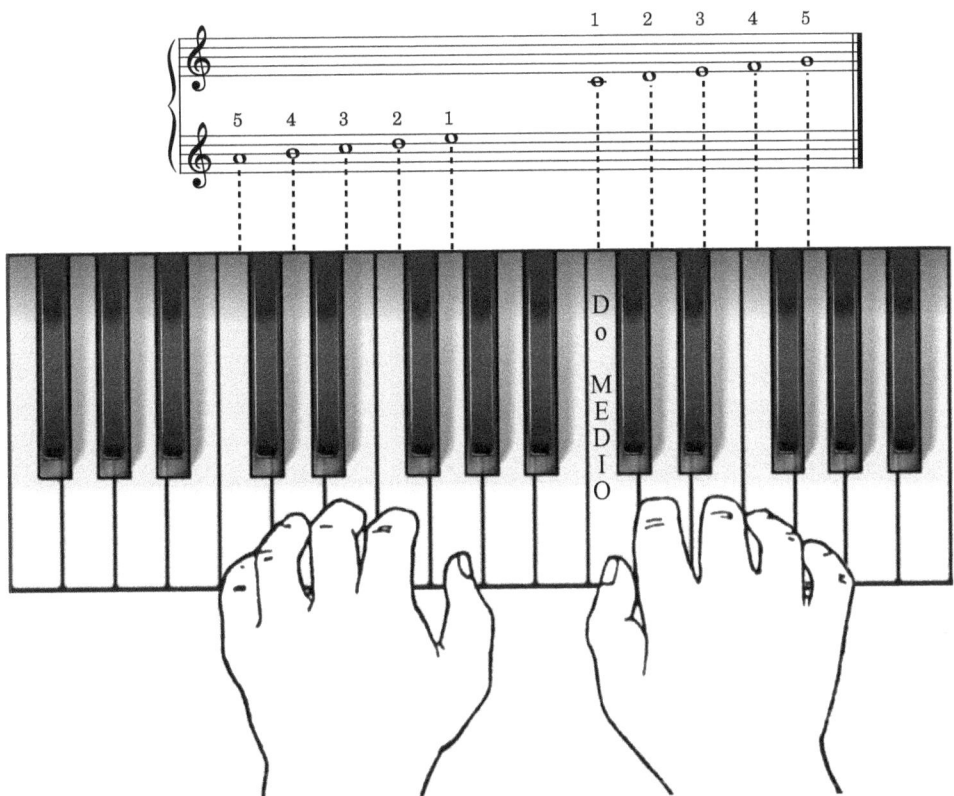

Esta disposición de los dedos sobre las teclas se denomina POSICIÓN DE DO MAYOR. "Do" es el nombre de la nota Do. El primer dedo de la mano derecha y el quinto de la mano izquierda están listos para tocar la nota Do, que aparecerá en los lugares más importantes de la pieza. La palabra "mayor" proviene de las palabras latinas "grande" y "duro". Esto significa que en esta posición los dedos deben tocar música enérgica y alegre.

Estás familiarizado con la posición de Do mayor. Ya has tocado en esta posición. Solo que ahora tus manos se han movido exactamente una octava hacia la izquierda. Antes, tus diez dedos tocaban en clave de sol. Ahora, cinco dedos de tu mano izquierda tocarán en clave de fa. En el pentagrama inferior, "enlazado" con la clave de fa, todas las notas han cambiado de nombre. Sabes cómo sucedió esto y te acostumbrarás rápidamente. Observa la imagen y recuerda cómo se conectan las teclas con las notas y tus dedos con las teclas. A partir de ahora, tocarás piezas cada vez más complejas e interesantes. Recuerda siempre cómo hacerlo con la ayuda de tres letras del alfabeto.

A. Nunca empieces a tocar hasta que estés seguro de saber EXACTAMENTE cómo empezarás, continuarás y terminarás la pieza. Para ello, debes saber cuántos compases tiene la pieza, qué notas hay en ellos, cómo se deben contar, con qué dedos y cómo debes tocar (legato o no legato).

B. Aprende las notas de una pieza compleja primero para la mano derecha, luego para la izquierda, y solo después toca la pieza con ambas manos. Mientras aprendes la pieza, cuenta en voz alta. Cuando la hayas aprendido, cuenta en silencio. Cuenta uniformemente y nunca ajustes la cuenta a tu interpretación, sino que ajústala a una cuenta uniforme. Recuerda que estás contando para ambas manos al mismo tiempo (derecha e izquierda) y para dos pentagramas (superior e inferior). Si no puedes tocar a un ritmo más rápido, no te preocupes y toca la pieza lo más rápido posible. Lo principal es contar uniformemente y tocar correctamente.

C. Incluso al aprender una pieza, asegúrate constantemente de que tus dedos se muevan por las teclas en la posición CORRECTA. La posición del dedo índice es fundamental para los demás. Por lo tanto, el dedo índice siempre debe estar ligeramente redondeado, como si quisiera esconderse debajo del dedo índice. Vigila tus dedos índices. El dedo medio siempre se mueve más cerca de las teclas negras que los demás dedos.

51. LUCIÉRNAGAS

Canción canadiense

Lentamente   Arreglado por J. Mercer

52. SALTAR LA CUERDA

Canción canadiense

Alegremente   Arreglado por J. Mercer

53. EL POTRO

Canción inglesa

Animado   Arreglado por J. Mercer

54. ELEFANTE

Arreglado por J. Mercer

Lentamente

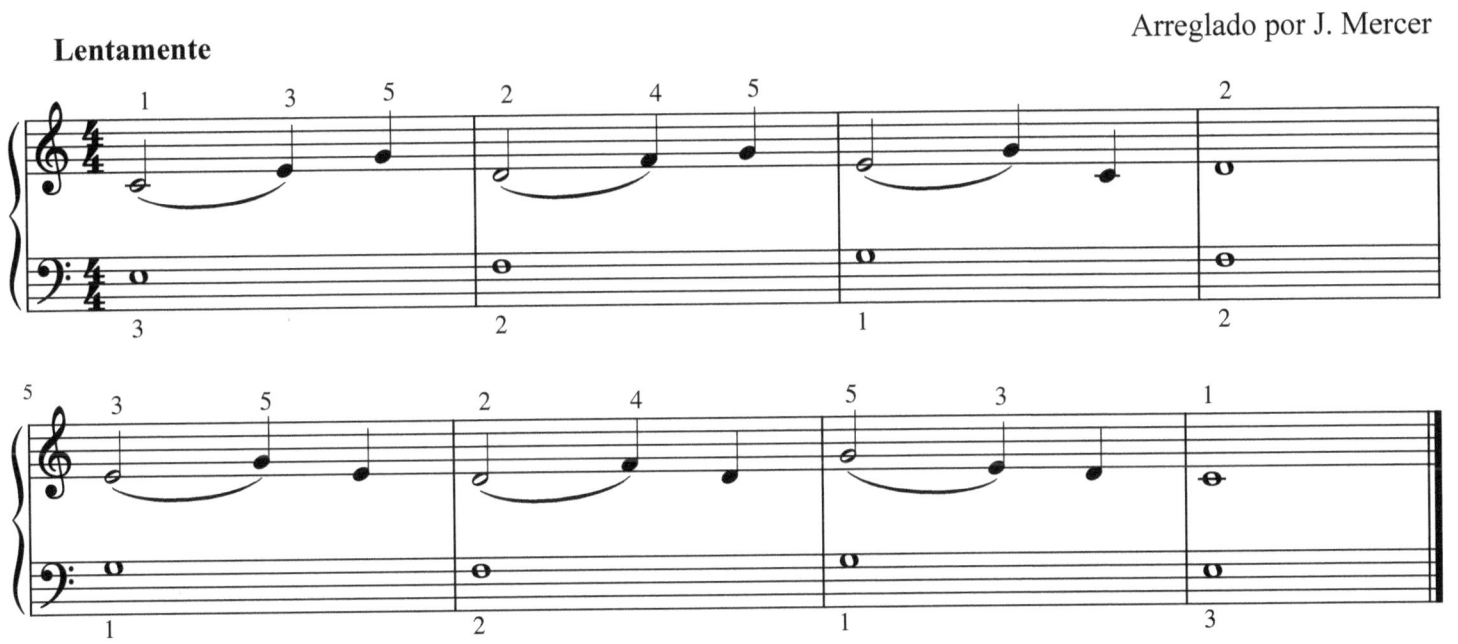

55. EN EL RÍO
Canción canadiense "Castor"

Arreglado por J. Mercer

Tranquilamente

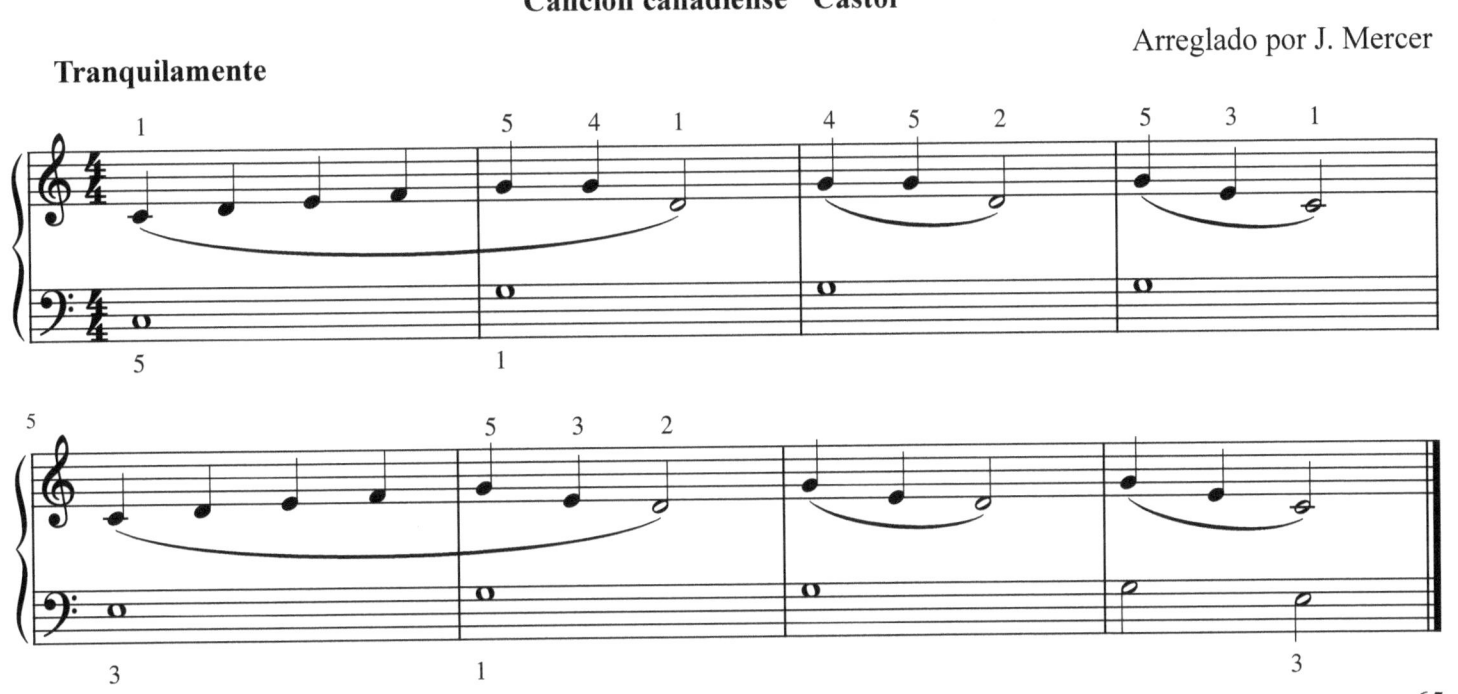

56. ATARDECER

Tranquilamente

Arreglado por J. Mercer

57. "VALENTINE"

En tempo de vals

Arreglado por J. Mercer

58. GLOBO

Arreglado por J. Mercer

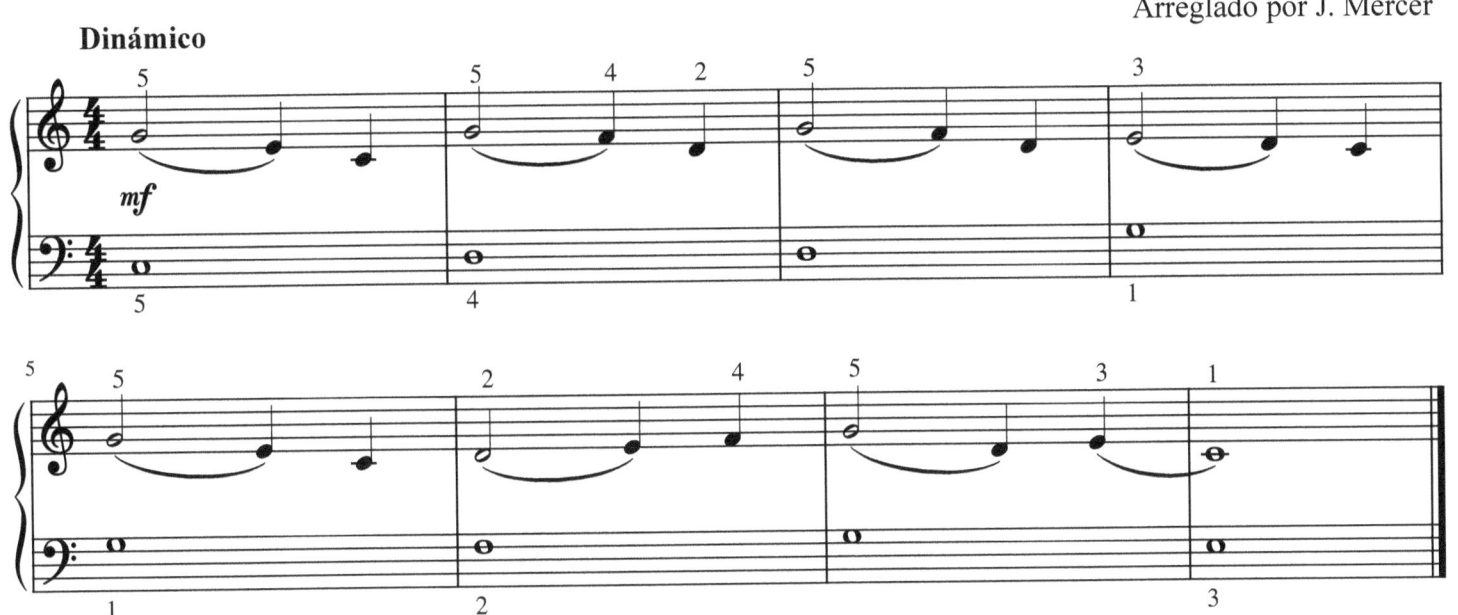

APRENDE A MOVER LA MANO EN LA POSICIÓN DE "DO MAYOR»

Muy a menudo, en la posición de Do mayor, la nota Do central (Do de la Primera Octava) debe tocarse no con la mano derecha, sino con la izquierda. Para ello, la mano izquierda se mueve hacia la derecha, cerca de la derecha, de modo que el primer dedo de la mano izquierda también esté sobre la tecla Do central, como se muestra en la imagen.

Ambos dedos no presionan la tecla Do central al mismo tiempo, sino por turnos. La tecla Si de la Octava Menor se presiona con el segundo dedo de la mano izquierda. Las teclas La, Sol y Fa se presionan con los dedos tercero, cuarto y quinto.

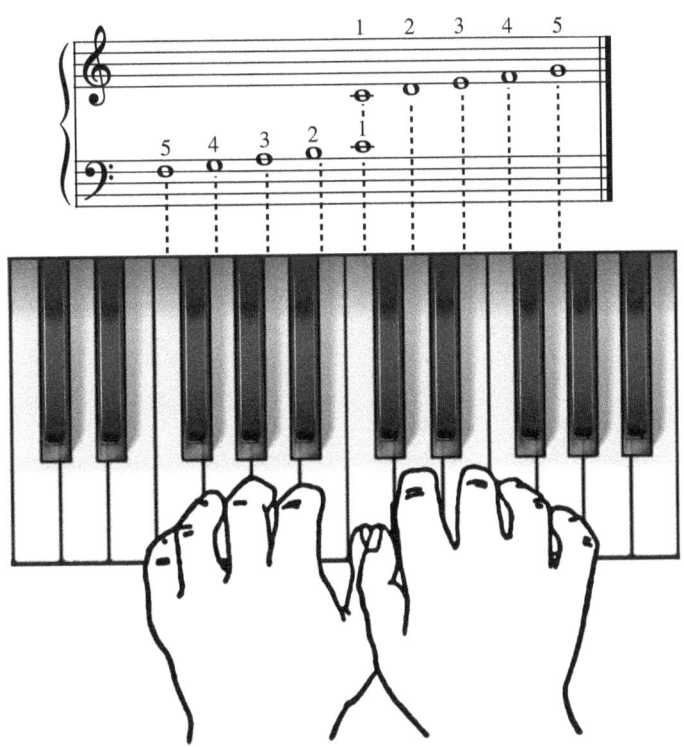

67

59. MARIPOSA

Tranquilamente

Arreglado por J. Mercer

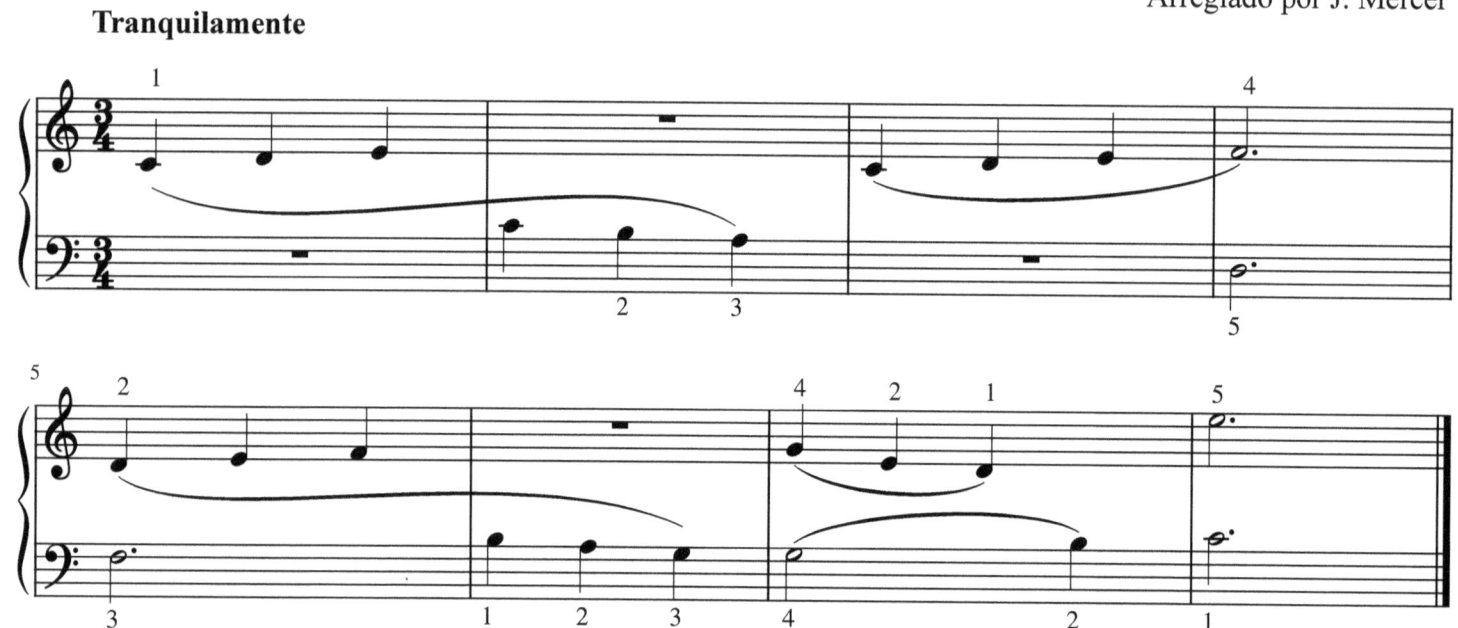

En esta pieza, las ligaduras abarcan las notas del pentagrama superior y luego descienden al pentagrama inferior. Esto significa que la frase musical comienza en el pentagrama superior y continúa en el inferior. El legato debe tocarse como indica la ligadura.

En los compases 6 y 7 del pentagrama inferior, dos notas idénticas, Sol de la octava menor, están una al lado de la otra y, por lo tanto, se tocan mejor con dedos diferentes.

60. DESPERTADOR
Canción canadiense

Dinámico

Arreglado por J. Mercer

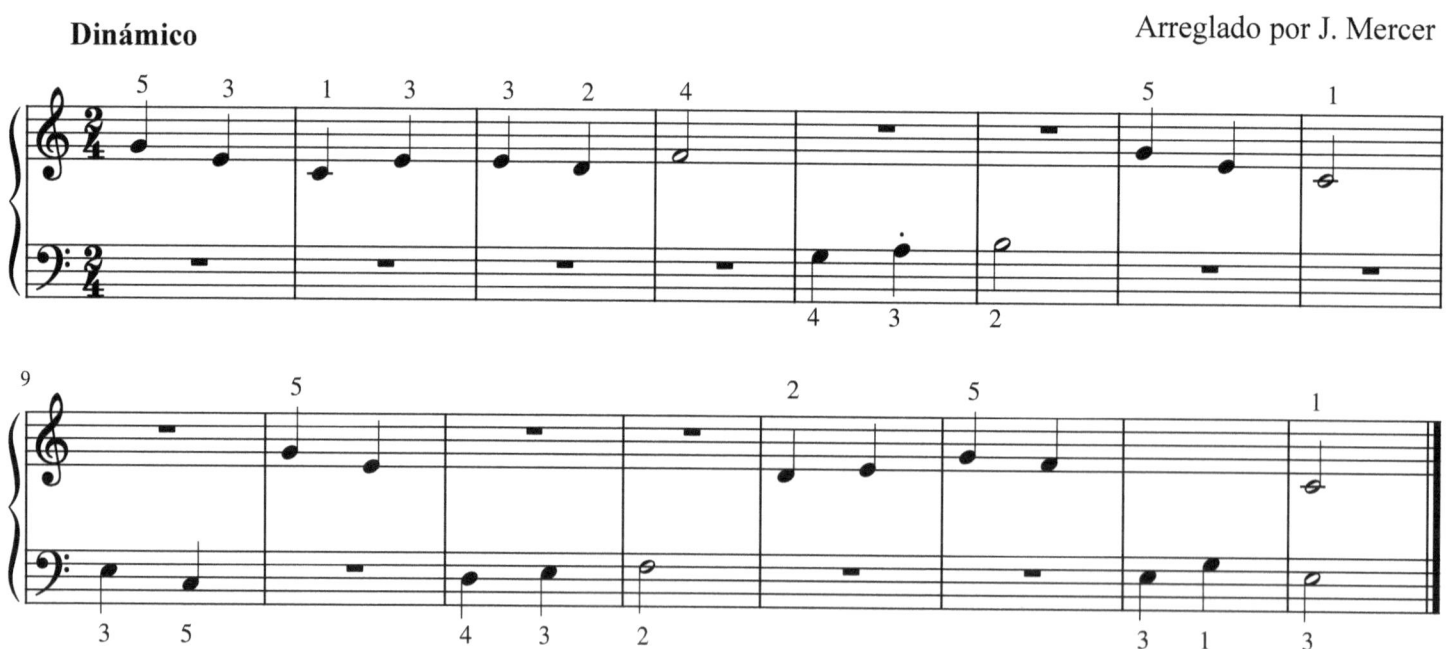

En los compases 5 y 6, la mano izquierda se desplaza hacia la derecha. A partir del 9, regresa a la izquierda.

61. NOCHE

Arreglado por J. Mercer

Lentamente

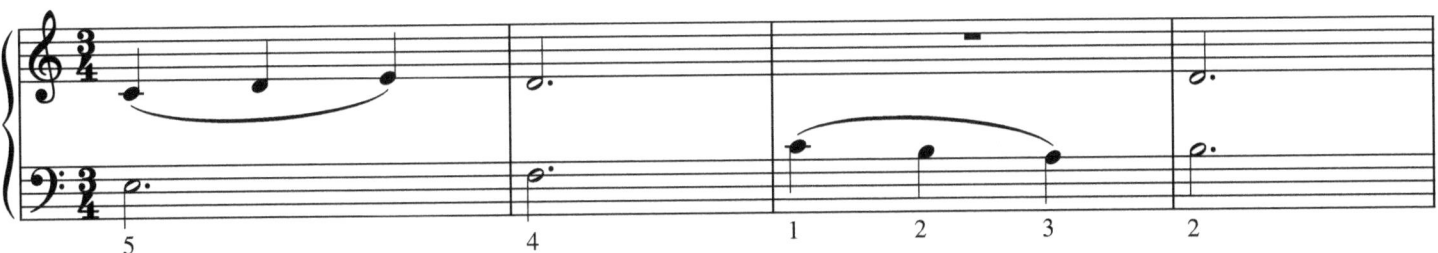

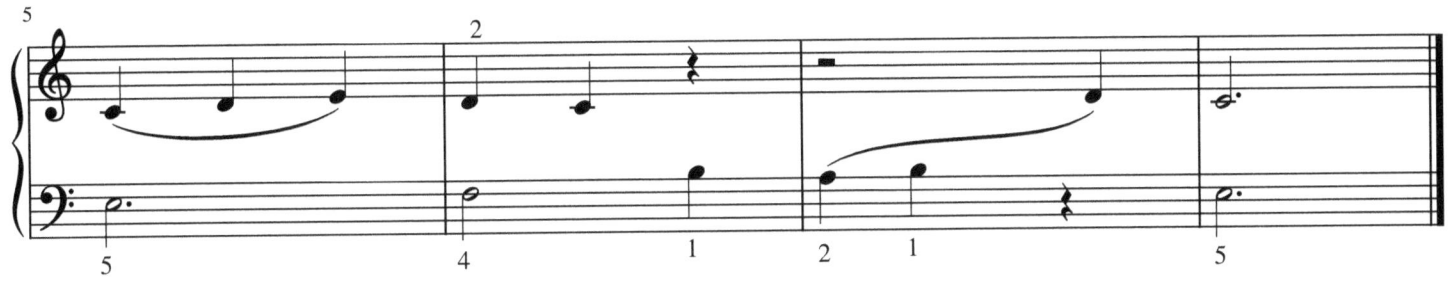

62. DÍA SOLEADO
Canción francesa

Arreglado por J. Mercer

Moderadamente

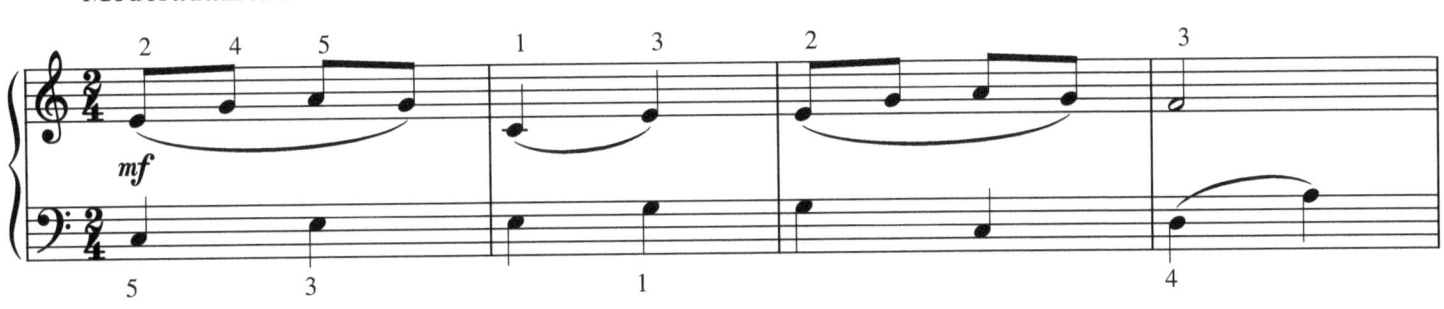

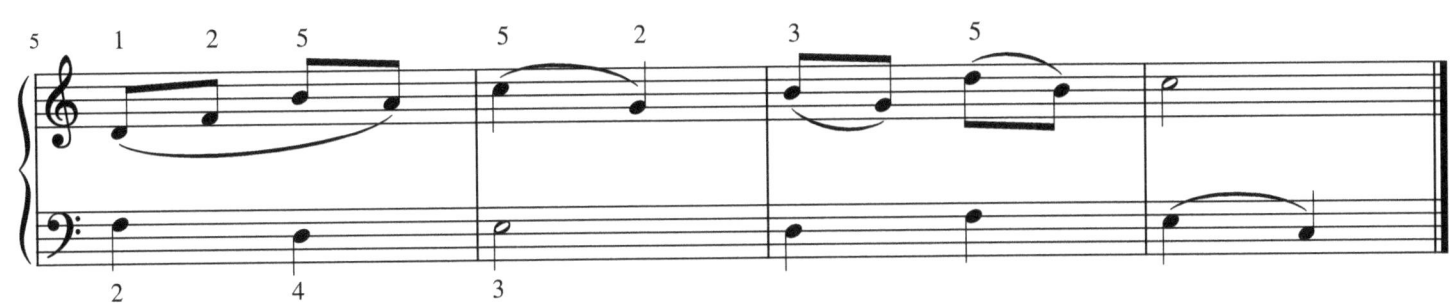

63. EN EL MAR
Canción estadounidense "Hannah"

Tranquilamente

Arreglado por J. Mercer

Las olas del mar se mueven suavemente, por lo que la pieza se interpreta legato. En los compases 10 y 11 hay signos de silencio de redonda, por lo que la mano derecha no toca en estos compases. Nota: El signo de silencio de redonda se coloca cuando el silencio debe durar un compás entero. Este signo se coloca igualmente para compases con una duración de "cuatro negras" y "tres negras". Para compases de "dos negras" se coloca el signo de silencio de blanca, pero también se permite el de silencio de redonda.

64. NOCHE DE PAZ
Canción francesa

Lentamente

Arreglado por J. Mercer

En el quinto compás, la ligadura combina tres notas en dos pentagramas a la vez, como se muestra en esta imagen. Esto significa que se debe tocar legato con ambas manos: empezar con la derecha y terminar con la izquierda. De esta manera, la melodía en el quinto compás pasa suavemente de la mano derecha a la izquierda. La ligadura casi siempre combina notas individuales de la melodía en frases musicales. Por lo tanto, la ligadura no solo indica: "Toca legato, sin levantar la mano para cada nueva nota". Esta señal también indica dónde comienza y termina la frase musical.

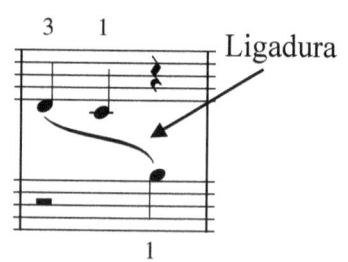

Ligadura

Recuerda lo principal: la ligadura te ayuda a comprender el lenguaje musical. Porque una frase de una melodía es lo mismo que una oración del habla humana.

Al tocar legato en el quinto compás, se debe pasar suavemente del primer dedo de la mano derecha al primer dedo de la mano izquierda. A partir del quinto compás, la mano izquierda se mueve hacia la derecha y, en el último compás, vuelve a su posición anterior.

APRENDE A TOCAR NOTAS DOBLES

Para que el piano suene como una orquesta completa, necesitas poder tocar varias notas a la vez con una sola mano. Debes aprender a hacerlo con la mano derecha, la izquierda y ambas manos juntas.

La imagen muestra las notas para la mano derecha.

Dos blancas se superponen. La nota superior es el Mi de la primera octava, la inferior es el Do central. Ambas notas están conectadas por una baqueta común. Una baqueta común significa que estas dos notas solo deben tocarse juntas. Para ello, se deben presionar dos teclas simultáneamente con dos dedos. Los números junto a las notas corresponden a los dedos con los que se deben tocar. El número superior se refiere a la nota aguda, y el inferior a la nota grave.

Con el índice y el tercer dedo de la mano derecha, presione simultáneamente las teclas de Do central y Mi. Redondee ligeramente el índice. Redondee también ligeramente los dedos que no tocan, como se muestra en esta imagen. Toque el primer compás con el índice y el tercer dedo varias veces seguidas. Toque tantas veces como desee hasta que ambas notas suenen simultáneamente y juntas, sin retrasarse ni adelantarse. Estas dos notas deben sonar como una sola.

Ve al segundo compás y toca notas dobles con el 1 y el 4 dedo. Luego, ve al tercer compás y toca notas dobles con el 1 y el 5 dedo. Mantén todos los dedos redondeados, tanto los dos dedos que tocan como los otros tres que cuelgan libremente sobre las teclas.

Coloca los dedos como se muestra en esta imagen. Ten especial cuidado de que la mano no se incline demasiado hacia el 5 dedo ni se caiga hacia el 1.

Nunca toques notas dobles con los dedos rectos, como se muestra en estas dos imágenes.

Ve al cuarto compás, el más difícil, y toca las notas dobles con el tercer y quinto dedo.

Toca las notas dobles con calma. No tenses los dedos, la mano ni todo el brazo. Tampoco tenses el cuerpo. Simplemente presiona las teclas para que las dos notas empiecen y terminen de sonar SIMULTÁNEAMENTE.

Cuando aprendas a tocar cada compás por separado, toca los cuatro compases seguidos a un tempo lento y cuenta en voz alta.

Esta imagen muestra notas dobles para la mano izquierda.

Aprende a tocar cada compás por separado, luego toca los cuatro compases seguidos a un ritmo lento y cuenta en voz alta. Mantén los dedos como se muestra en la imagen.

65. SUEÑO
Melodía francesa

Tranquilamente   Arreglado por J. Mercer

En los compases 6 y 7, mueva la mano izquierda hacia la derecha. En esta posición, toque notas dobles en el 6 compás con el 1 y el 2 dedo de la mano izquierda. En los compases 5, 6 y 7, la ligadura combina notas de dos pentagramas a la vez. Por lo tanto, pasará suavemente del 2 dedo de la mano derecha al 2 dedo de la mano izquierda. En el 8 compás, la mano izquierda vuelve a su posición original.

66. LLUVIA
Canción canadiense

Lentamente   Arreglado por J. Mercer

67. CAMPANAS SUENAN

Arreglado por J. Mercer

Medido y solemne

68. EL LEÓN AMABLE
Canción inglesa

Arreglado por J. Mercer

Moderadamente

69. MALETA PESADA
Canción estadounidense "Some Like to Sigh"

Lentamente

Arreglado por J. Mercer

En esta pieza, las notas dobles se tocan con ambas manos a la vez. En los primeros seis compases, la mano izquierda toca solo la primera mitad del compás al tiempo de "uno, dos", y al tiempo de "tres, cuatro" mantiene silencios de blanca. En el sexto compás, hay una nota doble con un puntillo en el pentagrama superior. Esto significa que debe sonar y contarse en tres tiempos: "uno, dos, tres". El tiempo de "cuatro" en este compás recae en la negra Fa. Nota: El puntillo, que alarga la blanca una negra, se coloca en las notas dobles junto a cada una de las dos notas.

70. CANTOS UCRANIANOS

Arreglado por J. Mercer

Con la mano derecha se tocan notas dobles y con la izquierda, blancas con puntillo. El compás es $\frac{3}{4}$, por lo que cada blanca con puntillo suena como un compás completo.

71. LAS CAMPANAS ESTÁN SONANDO

Tranquilamente

Arreglado por J. Mercer

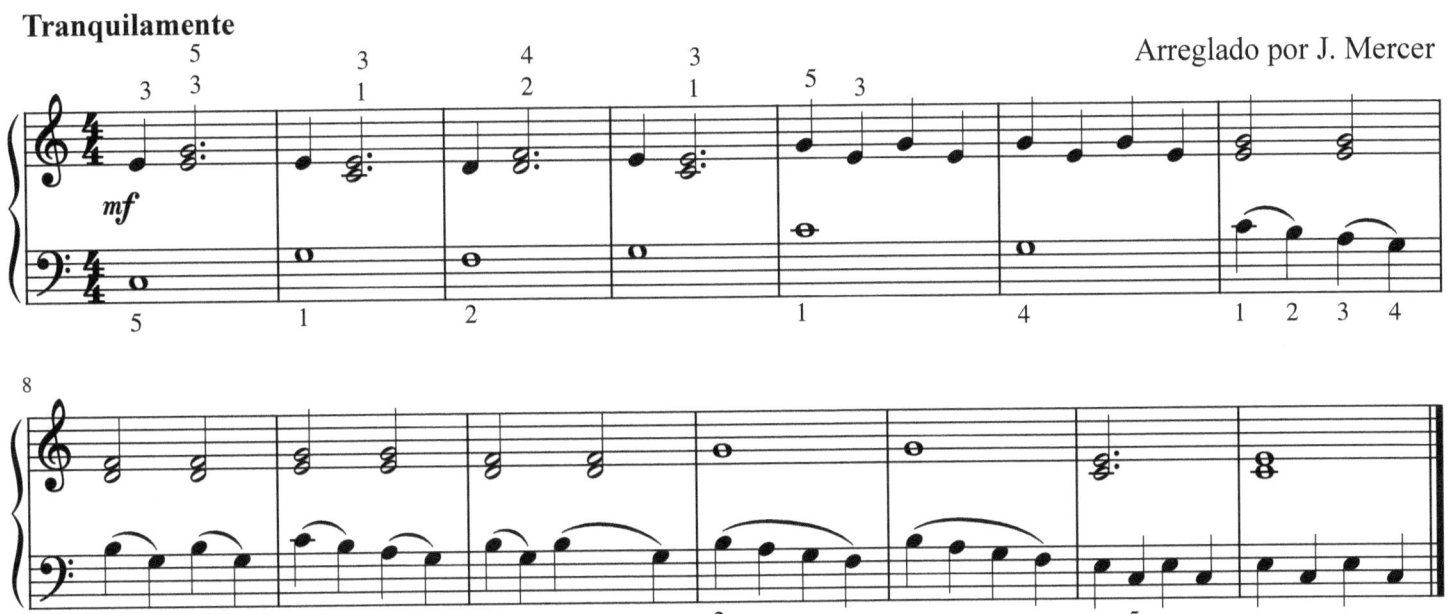

En el quinto compás, mueve la mano izquierda hacia la derecha, y solo en el decimotercer compás regrésala a su posición original. ¡Inténtalo! Esta pieza entrena bien los dedos cuarto y quinto de ambas manos.

72. CASCABELES

Canción de Año Nuevo estadounidense

Arreglado por J. Mercer

Alegremente

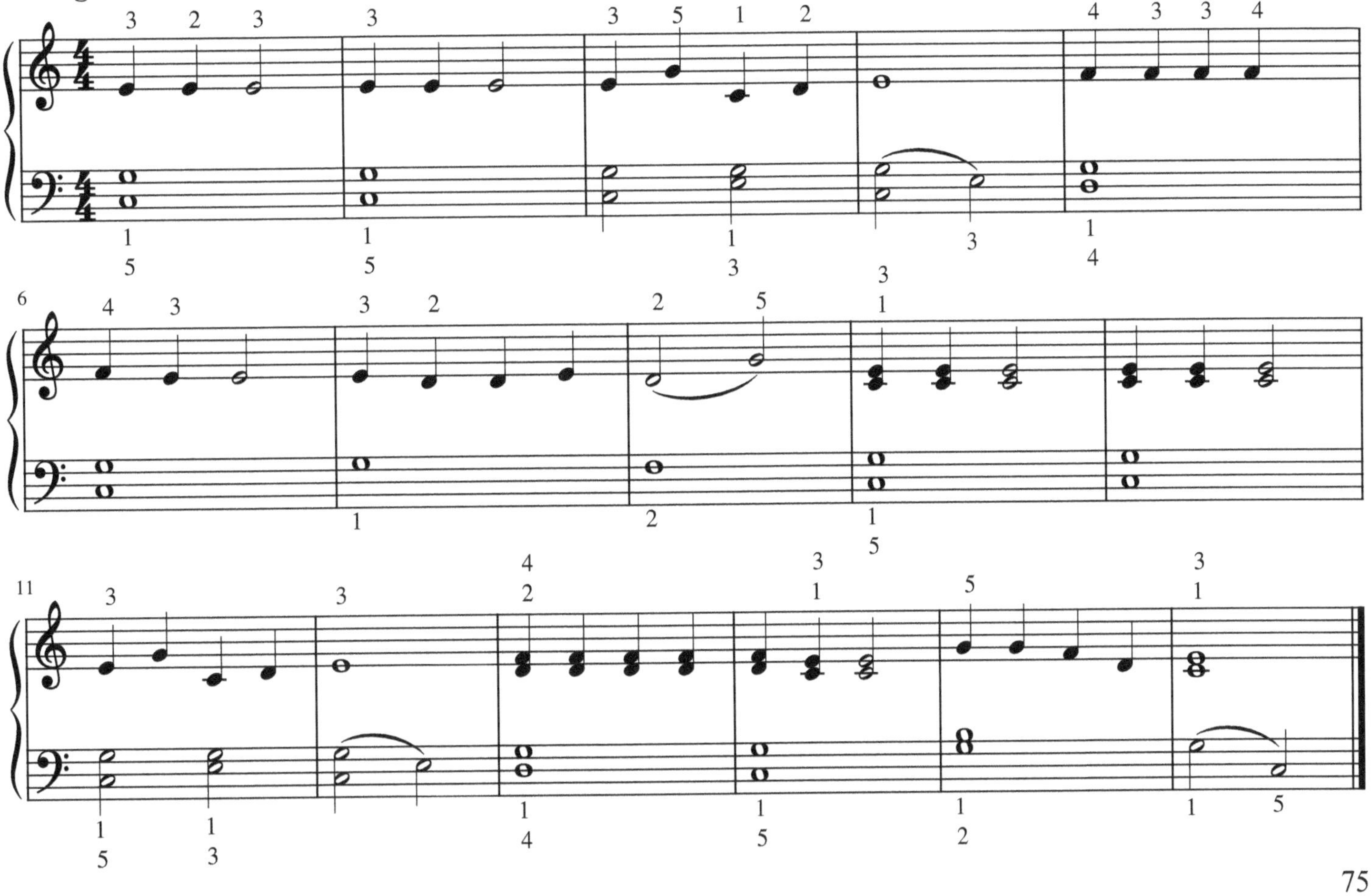

APRENDE A CRUZAR LOS DEDOS

Para tocar nuevas piezas correctamente y con fluidez, debes aprender a cruzar el segundo dedo sobre el índice mientras tocas, cruzando ambos dedos. Observa cómo el pianista cruza el segundo dedo sobre el índice en estas imágenes.

Aquí los dedos están en la posición normal.

Aquí la posición del segundo dedo de la mano derecha se transfiere sobre la del primero.

Aquí el segundo dedo de la mano izquierda se transfiere sobre el primero.

Sujeta los dedos de la mano izquierda como se muestra en la imagen. Repite estos ejercicios tantas veces como puedas hasta que aprendas a mover suavemente el segundo dedo sobre el primero y, sin tensión ni tirones, a pulsar la tecla deseada con el segundo dedo.

Al principio, toca estos ejercicios lentamente y luego aumenta el ritmo y la velocidad del conteo tan pronto como puedas. ¡Pero solo gradualmente! Lo más importante: al mover los dedos, la mano no debe girar de un lado a otro siguiendo a los dedos. El brazo y la mano están en su posición normal. Los dedos hacen todo el trabajo.

73. BAILA "A TRAVÉS DEL DEDO"

Moderadamente

Arreglado por J. Mercer

En el primer compás hay una nota que no está a la derecha del teclado ni en la fila de sonido de la primera y segunda octavas. Pero esta nota te resulta familiar. Aquí está en un dibujo aparte. La tocaste por primera vez en la pieza n.° 37 "En el bosque". Esta tecla estaba ubicada justo a la izquierda de la tecla de Do central, y la presionaste con el quinto dedo de tu mano izquierda. Ahora ya sabes que era la nota si de la octava menor del lado izquierdo del teclado, que está escrita en el pentagrama inferior, sobre la quinta línea, como en este dibujo. ¿Entonces resulta que la misma nota está escrita de forma diferente? ¿Por qué?

Porque a veces algunas notas de la octava menor deben tocarse con la mano derecha, no con la izquierda. Y entonces las notas del pentagrama inferior se mueven a las líneas adicionales del pentagrama superior, para que se toquen con la mano derecha. Todo funciona como se muestra en la imagen.

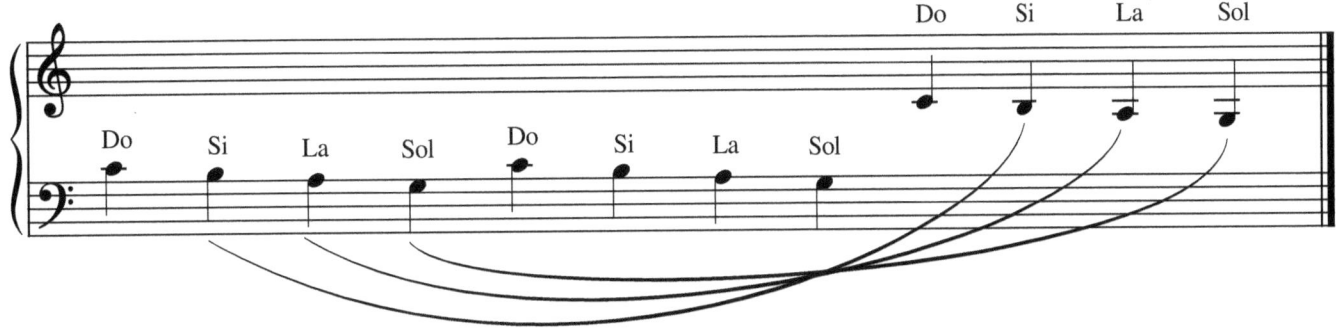

En el pentagrama inferior, la nota La de la octava menor se encuentra en la quinta línea, y la nota Sol, entre la quinta y la cuarta. En el pentagrama superior, la misma nota La va a la segunda línea adicional inferior, y la nota Sol, debajo de la segunda línea adicional. La nota Si de la octava menor se escribe en el pentagrama superior, debajo de la primera línea adicional inferior.

En el último cuarto compás de la pieza "Baila sobre el dedo", se ve de nuevo la nota Si de la octava menor, pero ha regresado a su lugar, sobre la quinta línea del pentagrama inferior. Ha regresado porque en este compás conviene tocarla con la mano izquierda, no con la derecha. Toque esta nota con el dedo índice.

En el primer compás, transfiera el segundo dedo de la mano derecha sobre el primero para tocar la nota Si de la octava menor con este dedo. En el tercer compás, transfiera el segundo dedo de la mano izquierda sobre el primero para tocar la nota La de la octava menor. Realice la transferencia de dedos con mucha suavidad, ya que estos dos compases deben tocarse legato.

Simultáneamente con la transferencia del segundo dedo a un lado y luego al otro, se debe "pasar" suavemente de un dedo a otro.

La pieza termina con una señal de repetición ⦂‖. Por lo tanto, debes repetir la pieza de principio a fin. Será beneficioso para tus dedos repetirla con la mayor frecuencia posible.

74. EL VIEJO GRANJERO
Canción americana

Arreglado por J. Mercer

Comienza tocando legato en el primer compás con el primer dedo de la mano izquierda, continúa en el segundo compás con el segundo dedo, luego con el primer dedo de la mano derecha y termina también en el segundo compás con el primer dedo de la mano izquierda.

Mientras tocas legato, en los compases 2 y 6, mueve simultáneamente el segundo dedo de la mano izquierda sobre el primer dedo en una dirección y en la otra.

En los compases 1 y 5, es mejor pulsar la misma tecla de Do con dedos diferentes.

75. BUEN HUMOR

Aprenda primero la primera parte de la pieza, luego la segunda. Y solo entonces, toque ambas partes juntas. Las digitaciones están marcadas en las notas. Normalmente, una parte de la pieza está separada de la otra en las notas por dos líneas finas: ||.

76. PONERSE AL DÍA
Canción francesa

Arreglado por J. Mercer

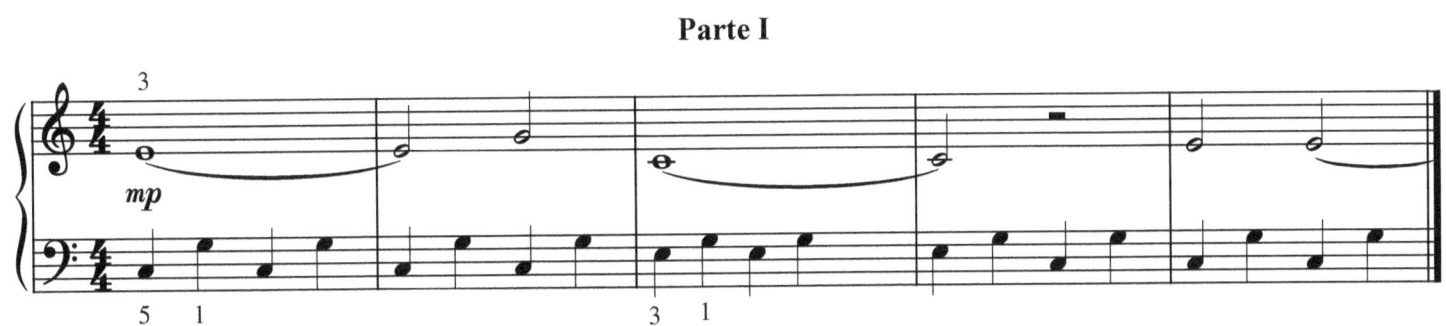

En los compases 5, 6, 7, 13 y 14, toque la nota Si de la octava menor con el dedo índice de la mano derecha. En el 4 compás, toque la misma nota Si de la octava menor (la nota más aguda de la blanca doble) con el dedo índice de la mano izquierda.

77. CANCIÓN DE PRIMAVERA DE LOS INDIOS NAVAJOS

Una pieza muy rara y hermosa, una de las canciones de los indios navajos. Esta tribu es muy famosa, pero su "Canción de Primavera" nunca se ha escuchado en nuestro país. ¿Quieres escucharla primero? Entonces, analiza las notas de esta pieza.

Parte I

Parte II

En el pentagrama superior, la ligadura une todos los compases que se encuentran uno al lado del otro: el primer compás se une con el segundo, el tercer compás con el cuarto, el quinto con el sexto y así sucesivamente hasta el final de la pieza.

Preste atención a lo principal: en muchos casos, la ligadura conecta dos notas idénticas que se encuentran una al lado de la otra. Por ejemplo, en los compases 1 y 2, la ligadura conecta dos notas Mi idénticas, que se encuentran una al lado de la otra, como se muestra en la imagen. Cuando el signo de ligadura está entre dos notas IDÉNTICAS, ya no dicen que la ligadura une, sino que dicen que la ligadura CONECTA las notas, porque las conecta en una nota común con una duración común. La segunda nota no se toca por separado. Resulta que la nota Mi sonará continuamente durante cuatro tiempos en el primer compás y dos tiempos más en el segundo. En total, la nota Mi sonará continuamente durante seis tiempos. La nota Do en los compases 3 y 4 también sonará durante seis tiempos. Pero la nota Mi en los compases 5 y 6 sonará durante cuatro tiempos, porque el ligamento conecta dos blancas, dos polis para cada nota.

Resulta que el signo de ligamento no solo sirve para combinar varias notas que deben tocarse legato. Este signo también sirve para aumentar la duración de cualquier nota. Por lo tanto, la duración de las notas se puede aumentar de dos maneras: con la ayuda de un punto, que se coloca a la derecha de la nota ♩. , o con la ayuda de una ligadura ⌣ .

Por ejemplo, se puede "hacer" que una nota suene durante tres tiempos seguidos de esta manera:

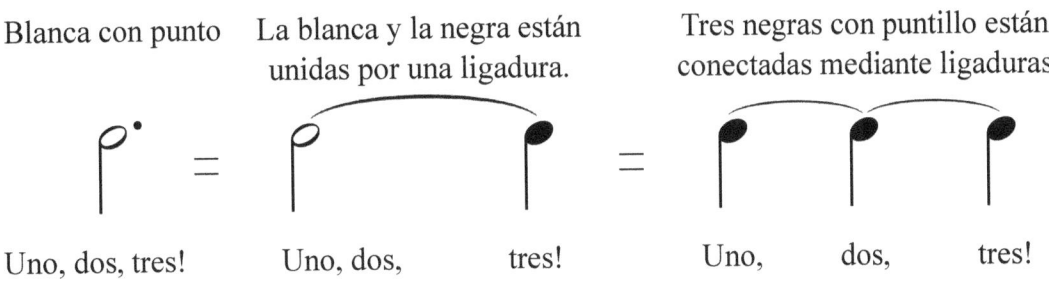

Blanca con punto = La blanca y la negra están unidas por una ligadura. = Tres negras con puntillo están conectadas mediante ligaduras

Uno, dos, tres!   Uno, dos, tres!   Uno, dos, tres!

Determina tú mismo cuántos tiempos debe sonar la nota Re en los compases 11 y 12. ¡Correcto! La nota Re debe sonar continuamente durante cinco tiempos. Recuerda: si un lick o varias ligaduras conectan dos o más notas idénticas una al lado de la otra, solo se toca la primera nota. Y esta primera nota "toma" la duración de todas las demás notas y suena sin interrupción, "una por dos" o "una por todas".

Examine de nuevo en los compases 1 y 2 las dos notas Mi, conectadas por una ligadura en una nota "larga" común. Esta nota suena durante cuatro tiempos completos en el primer compás, luego ocupa los dos primeros tiempos en el segundo compás y suena seis tiempos seguidos.

¡Uno, dos, tres, cuatro!   ¡Uno, dos!

Cuenta en voz alta esta nota "Mi" larga: "¡Uno, dos, tres, cuatro, uno, dos!". ¿Ves qué pasó con el acento en el segundo compás? El primer compás tiene un ritmo fuerte, pero el segundo lo ha perdido porque perdió el acento en el segundo tiempo, "uno". Esto ocurre no solo en el segundo compás, sino también en el cuarto, sexto, octavo y otros. Y entonces la melodía adquiere un nuevo ritmo complejo y muy bello.

Con la mano izquierda, toca el acompañamiento uniformemente con negras, que representan el ritmo de los tambores indios.

Y ahora debes aprender a mover el tercer dedo sobre el primero, cruzándolos, mientras tocas. Observa cómo en estas imágenes el pianista mueve el tercer dedo de la mano derecha sobre el primero.

**Dedos
en posición normal**

**El tercer dedo se lleva
sobre el primero**

Sujeta los dedos de la mano derecha como se muestra en las imágenes. Repite estos ejercicios tantas veces como puedas hasta que aprendas a mover suavemente el tercer dedo sobre el primero y, con suavidad, sin tensión ni tirones, pulsar la tecla deseada con el tercer dedo.

Al principio, practique estos ejercicios lentamente y luego aumente el ritmo y la velocidad de conteo tan pronto como pueda. ¡Pero solo gradualmente! Lo más importante: al mover los dedos, la mano no debe girar de un lado a otro siguiendo a los dedos. El brazo y la mano están en su posición habitual. Los dedos hacen todo el trabajo. La mano solo realiza un movimiento lateral muy ligero y suave hacia el dedo que se está moviendo.

Nota: los dedos se mueven DIFERENTEMENTE en una dirección y en la otra: en una dirección, el primer dedo parece estar "insertado" debajo del tercero, y en la otra dirección, el tercer dedo cruza al primer dedo.

Toca estos ejercicios con energía, sin pereza. Al tocar, no olvides el acento en el primer tiempo fuerte, e incluso enfócalo.

En estas imágenes, el pianista mueve el tercer dedo de la mano izquierda sobre el primer dedo.

**Dedos en
posición normal**

**El tercer dedo se transfiere
sobre el primero**

Sujeta los dedos de la mano izquierda como se muestra en las imágenes. Practica estos ejercicios exactamente igual que los de la mano derecha.

78. ESTRELLAS EN EL ESPACIO
Melodía francesa

Arreglado por J. Mercer

APRENDE A TOCAR ESCALAS

Para desarrollar la velocidad y agilidad de los dedos, es necesario tocar partes especiales de la escala, llamadas "escalas". Una escala es un conjunto de sonidos muy agradables que siempre se suceden y forman una escala. La primera y más sencilla es la escala de Do mayor. Empieza y termina con la nota Do, y suena alegre, enérgica o, como dicen los músicos, "mayor".

Pianistas de todo el mundo tocan escalas para entrenar los dedos. Ahora tú también tocarás la escala de Do mayor y aprenderás a mover los dedos con rapidez y facilidad.

Escala en Do mayor para la mano derecha

Escala en Do mayor para mano izquierda

Escala en Do mayor para mano derecha e izquierda

Para tocar las escalas correctamente y beneficiar tus dedos, recuerda seis reglas principales:
- Toca la escala primero con la mano derecha, luego con la izquierda y finalmente con ambas manos a la vez;
- Después de aprender la escala, aumenta gradualmente el ritmo cada día;
- Cuenta en voz alta y luego intenta contar en silencio. Si todo va bien, aumenta gradualmente el ritmo tanto como puedas. ¡Pero solo gradualmente!
- Toca la escala de manera UNIFORME. Consigue gradualmente que la posición de los dedos sea completamente imperceptible;
- Presiona las teclas con la misma fuerza promedio, de modo que todas las notas de la escala suenen con el mismo volumen;
- Vigila constantemente la posición CORRECTA de tus manos y dedos sobre las teclas. Incluso si tocas la escala muy rápidamente, y tu mano gira de un lado a otro o "cae" hacia el quinto dedo, y los dedos en sí no están REDONDEADOS, sino planos, "extendido" o, por el contrario, "pegados", entonces esa ejecución "rápida" hará más daño que bien.

79. ESCALATOR

Arreglado por J. Mercer

En los compases 3 y 4 del pentagrama superior, dos notas Sol adyacentes están ligadas mediante una ligadura.

Por lo tanto, la nota Sol sonará durante cinco negras en total: una negra en el 3 compás y cuatro negras en el 4 compás. Cuente de antemano cuántas negras sonarán las otras notas ligadas.

En el 6 compás del pentagrama inferior, debajo de la nota Sol de la octava menor, hay dos números "4-1". Sin embargo, no se puede presionar esta tecla con dos dedos a la vez: el 4 y el 1. Estos números indican que, si bien la nota Sol sonará hasta cinco negras, debe, sin soltar esta tecla, cambiar el 4 dedo al 1 justo encima de ella, para preparar el 1 dedo con antelación para la doble nota mi-sol, que se encuentra en el siguiente 8 compás.

APRENDE A TOCAR ACORDES EN LAS TECLAS BLANCAS

Cuando suenan más de dos sonidos diferentes al mismo tiempo, los músicos dicen "suena un acorde". La palabra latina "accordo" significa "armonizo", por lo que los sonidos de un acorde suenan en armonía, en consonancia. En la música, los acordes de tres sonidos son más comunes, llamados TRÍADAS. Sin embargo, tres sonidos cualesquiera no pueden formar una tríada; para ello, se necesitan sonidos especialmente seleccionados. Los músicos no dicen "busca la sobriedad", sino "construye una tríada".

Las tríadas se construyen a partir de cualquier nota de la escala de octava. Aquí, se construyen siete tríadas sin usar teclas negras de los siete sonidos principales de la octava: Do, Re, Mi, Fa, Sol, La, Si.

Tríadas (acordes) para la mano derecha

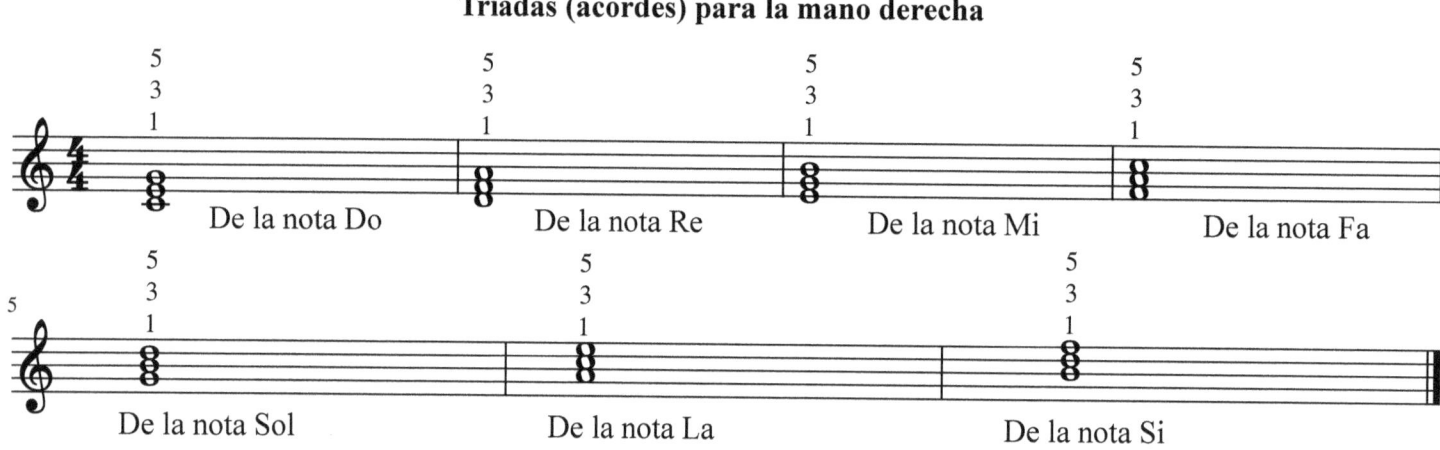

Toca estas tríadas exactamente como tocaste las notas dobles. Con tres dedos redondeados, presiona tres teclas a la vez de modo que las tres notas empiecen y terminen de sonar AL MISMO TIEMPO, y ninguna se adelante ni se retrase con respecto a las otras dos. Los números de los tres dedos se indican junto a cada nota de la tríada. Toca las tríadas tantas veces como sea necesario hasta que suenen juntas y en armonía.

Tríadas (acordes) para la mano izquierda

Toca estas tríadas con tres dedos de la mano izquierda.

Antes del sexto compás, la clave de Sol aparece en el pentagrama inferior en lugar de la clave de Fa. Esta técnica se utiliza cuando la mano izquierda debe tocar algunas notas en el lado derecho del teclado. Por lo tanto, en los compases sexto y séptimo, la mano izquierda presionará las teclas de Do, Re, Mi y Fa de la primera octava. Ya sabes cómo se mueven las notas de un pentagrama a otro. Esta imagen muestra cómo sucede.

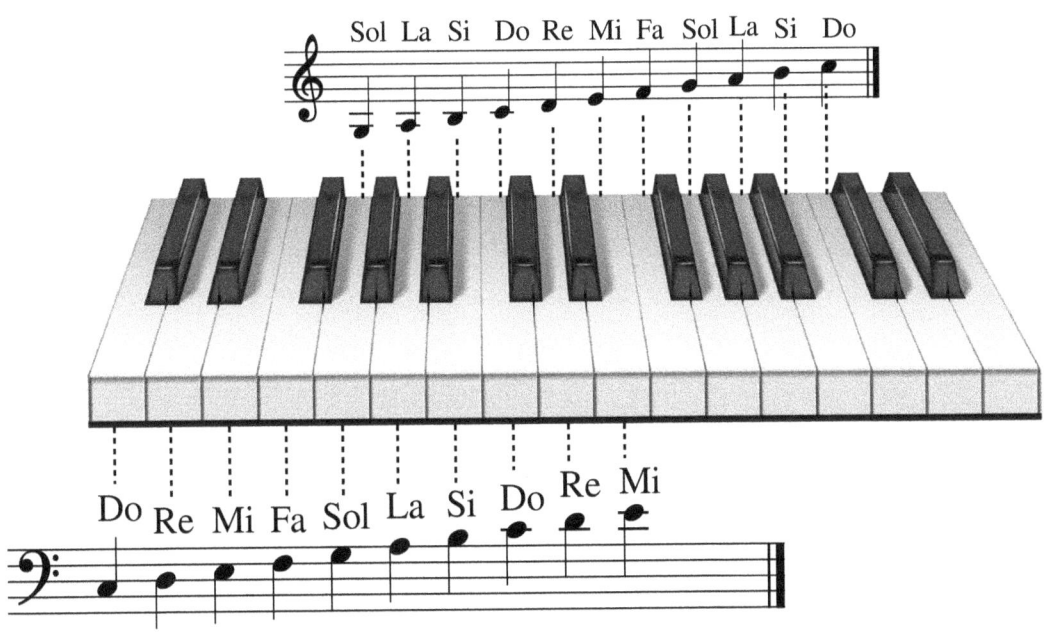

80. HAY OCHO ACORDES EN LA MANO DERECHA

Arreglado por J. Mercer

Lentamente

mf

Aquí la melodía se toca con la mano izquierda y el acompañamiento con la derecha. Cada compás repite la misma frase musical, que cada vez se desplaza por el teclado una tecla blanca a la derecha.

81. HAY OCHO ACORDES EN LA MANO IZQUIERDA

Arreglado por J. Mercer

Lentamente

Aquí la melodía la toca la mano derecha y el acompañamiento la izquierda.

82. DANZA DE LOS BRUJOS AFRICANOS

Moderadamente

Arreglado por J. Mercer

El compás de esta pieza es de cuatro negras. Sin embargo, en el primer compás solo hay dos negras en el pentagrama superior y un silencio de blanca en el inferior.

Resulta que el primer compás está INCOMPLETO: le faltan dos negras más. Esto se hace para que la melodía comience inmediatamente con la tercera negra del primer compás, que no es tan fuerte como la primera. Por lo tanto, no se debe acentuar en el primer compás. Este primer compás incompleto se llama BEAT. Los músicos dicen que la pieza comienza con la anacrusa.

Pero una anacrusa incompleta, por regla general, se completa en el último compás. En el último compás incompleto de la pieza, de diecisiete notas, solo hay una blanca. Y, por lo tanto, la duración total de la anacrusa y del último compás incompleto es de cuatro negras.

Tu mano derecha debe adoptar una nueva posición. Mueve la mano una tecla blanca a la derecha, de modo que tu dedo índice quede por encima de la tecla de Re. Observa la nueva posición de tus dedos sobre las teclas. Toca los mismos acordes-tríadas de forma uniforme con la mano izquierda, lo que debería sonar como un gran tambor africano.

DESCUBRE CÓMO SE "ORGANIZAN" LOS ACORDES (TRÍADAS)

Todas las piezas que tocaste antes sonaban "mayores": alegres, divertidas y enérgicas. Pero cuando aprendiste la última pieza, "Danza de los Hechiceros Africanos", entonces, por supuesto, percibiste de oído que esta pieza tenía una "compañía" de notas que sonaba completamente diferente a la MAYOR. No suena alegre, ni alegre, ni enérgica. A esa "compañía" de notas tan desanimada se le llama menor o simplemente MENOR. La palabra "menor" proviene de las palabras latinas "menor" y "suave". Así que resulta que en una "compañía" menor todas las notas tienen menos alegría, menos firmeza y alegría. Sin embargo, la melodía de la pieza "Danza de los Hechiceros Africanos" suena armoniosa.

Cualquier canción o melodía sonará armoniosa si todos sus sonidos, a excepción de uno solo, forman parte de una "compañía" común. Una "compañía" musical en la que los sonidos musicales son compatibles y están en armonía entre sí se denomina "ESCALA musical". Existen dos "compañías" en la música: una ESCALA musical mayor (o simplemente MAYOR) y una ESCALA musical menor (o simplemente MENOR). Por lo tanto, las tríadas de acordes pueden ser mayores o menores. Descubre cómo se "arreglan" y cuál es la diferencia entre ellas.

Ya has descubierto cómo se "arregla" una octava y has aprendido que entre los sonidos musicales principales: Do, Re, Mi, Fa, Sol, La, Si, hay intervalos (espacios) de diferentes alturas. Comparemos el patrón de los intervalos de octava con las dos primeras tríadas formadas a partir de la nota Do y la nota Re.

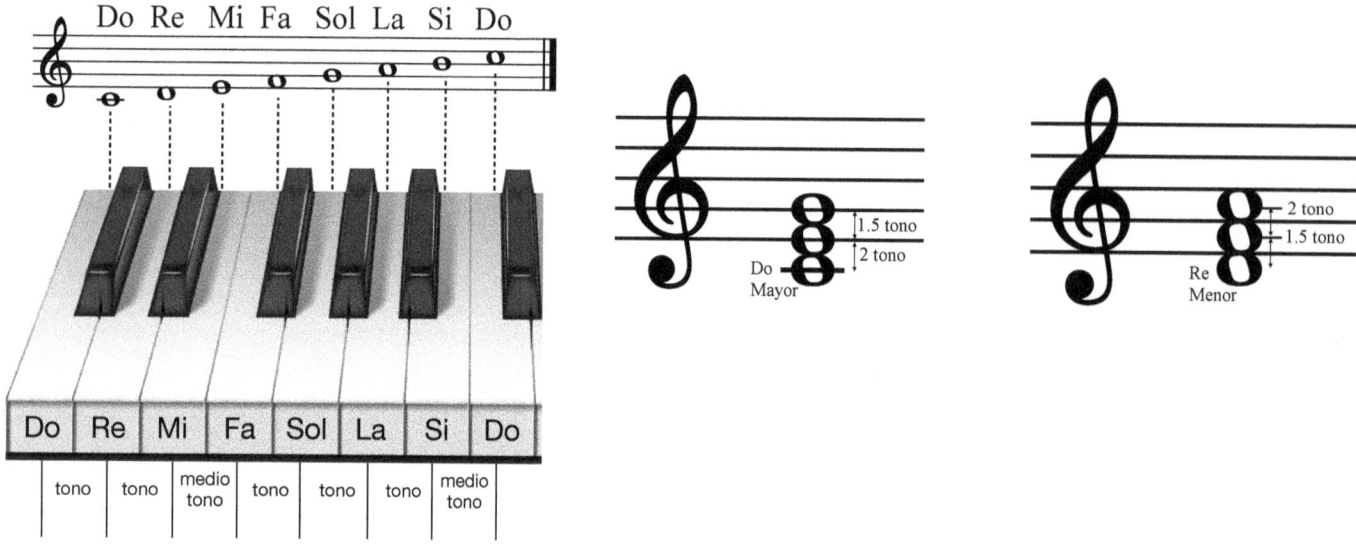

Cada una de estas dos tríadas cubre CINCO pasos de octava.

Tríada de Do: Do — (re) — Mi — (fa) — Sol
     I II III IV V

Tríada de Re: Re — (mi) — Fa — (sol) — La
     I II III IV V

Pero estas dos tríadas se organizan de forma diferente. En una tríada desde la nota Do, el intervalo entre los grados I y III es de 2 tonos, y entre los grados III y V, de 1,5 tonos. Pero en una tríada desde la nota Re, todo es al revés: el intervalo entre los grados I y III es de 1,5 tonos, y entre los grados III y V, de 2 tonos. Todas las demás tríadas se construyen de una de estas dos maneras.

Las tríadas que se construyen como una tríada a partir de la nota Do se llaman mayores. Estas tríadas suenan alegres, joviales, enérgicas y brillantes.

Las tríadas que se construyen como una tríada a partir de la nota Re se llaman menores. Suenan suaves, melosas, tristes y, a veces, misteriosas e incluso siniestras, como, por ejemplo, en la última pieza, «La Danza de los Hechiceros».

¡Para los curiosos! Es imposible explicar por qué el sonido de las tríadas cambia tan inesperadamente si solo intercambian intervalos de 1,5 y 2 tonos. Esto es un misterio, o mejor dicho, una ley de la naturaleza asociada con la percepción humana de diferentes sonidos. Utilizando el dibujo y el teclado del piano, determinen independientemente cuáles de los cinco acordes-tríadas restantes son mayores y cuáles menores.

83. JÁNUCA
Canción-danza judía

Alegremente

Arreglado por J. Mercer

84. BUEN HUMOR

Arreglado por J. Mercer

Observa las notas de la pieza que ya has tocado (n.° 75). Presta atención a las notas del primer compás: Do, Mi, Sol y Sol, Mi, Do. Y también a las notas del segundo compás: Si, Re, Fa. Estas notas juntas pueden formar dos tríadas. Pero ahora necesitas tocar no una tríada, sino una nota tras otra. Si tocas las notas de una tríada una tras otra, se convierten en un arpegio de esta tríada. La palabra italiana "arpegio" significa "como un arpa". Por lo tanto, debes pulsar las teclas y los sonidos de la tríada una tras otra, como las cuerdas tensadas de un arpa o una guitarra.

Aprende y toca un arpegio, que se forma a partir de una tríada formada por la nota Do. Imagina que la tríada es una hermosa rosa. Entonces, el arpegio son sus pétalos. Aprende a desplegar los "pétalos" de esta "rosa".

Arpegio de una tríada construida a partir de la nota Do

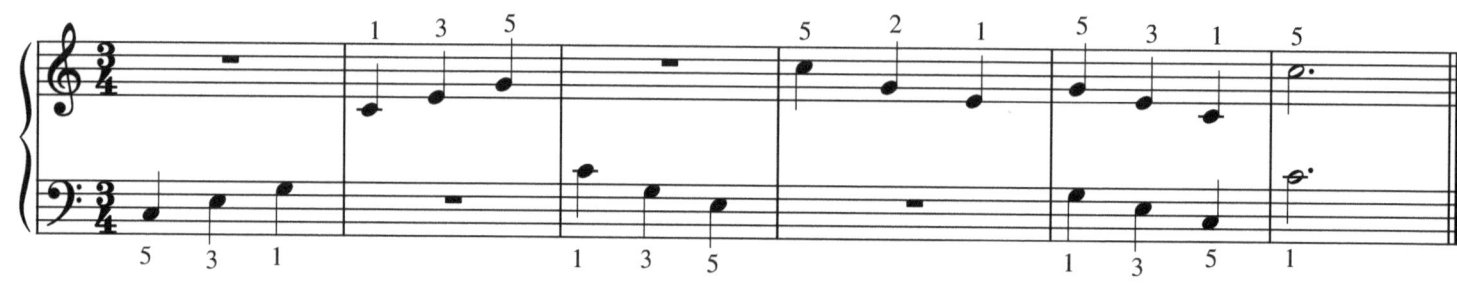

Ahora aprende y toca la pieza "Good Mood". La melodía te resulta familiar, ya la has tocado. Pero ahora sonará diferente. Con la mano derecha, "despliega la rosa" en los compases 1, 3 y 9. Con la mano izquierda, "despliega la rosa" en los compases 1, 2, 3, 4, 5, 7, 8, 9 y 11. La melodía suena especialmente hermosa cuando "despliegas la rosa" con ambas manos en los compases 1, 3 y 9.

Antes de tocar una nueva pieza, necesitas familiarizarte con una nueva técnica de interpretación llamada "cruzar las manos". Esto significa que, justo durante la interpretación, tus manos estarán cruzadas durante un tiempo, una sobre la otra. Observa esta imagen y comprenderás por qué es necesario. La mano izquierda del pianista está sobre la derecha, lo que le ayuda a tocar en la parte derecha del teclado. Lo principal aquí es no "torcer" las manos y moverlas SUAVE Y SILENCIOSA.

85. TOCANDO CLÁSICOS

Movably

Arreglado por J. Mercer

La línea punteada indica que en el séptimo compás después de la nota doble Fa-Sol, debes mover tu mano izquierda sobre tu derecha y con el segundo dedo de tu mano izquierda tocar la nota Mi de la Segunda Octava en el octavo último compás.

86. PIRÁMIDE

Arreglado por J. Mercer

En el pentagrama superior, en los compases 2, 6, 18 y 22, toque la nota La con el segundo dedo de la mano izquierda. Transfiera suavemente la mano izquierda y crúcela sobre la derecha. En el último compás, toque la nota Do de la Segunda Octava con la mano izquierda.

APRENDE A TOCAR AL ESTILO STACCATO

Ahora debes aprender otra forma de tocar el piano, llamada STACCATO. La palabra italiana "staccato" significa "abruptamente". Esta palabra no combina bien con "legato", ya que "legato" se refiere a sonidos suaves y prolongados, mientras que "staccato" es lo opuesto: requiere sonidos cortos y abruptos. Cuando se toca el piano al estilo "staccato", el sonido es especial, como si la lluvia tamborileara en una ventana o las ruedas de un tranvía resonaran sobre los rieles. Para obtener un sonido tan corto y abrupto, debes presionar la tecla con fuerza y soltarla aún más rápido. Entonces, el martillo golpeará la cuerda con fuerza y rebotará inmediatamente. La cuerda "gritará" brevemente y se silenciará al instante. Los golpes cortos y bruscos producen sonidos cortos y abruptos, ya que los sonidos "marchan" uno tras otro con pequeñas pausas o interrupciones. Estas pausas no se indican en las notas, pero si hay un punto DEBAJO o ENCIMA de la nota, como en esta imagen, significa que debe tocarse en staccato. Imagina que no solo estás presionando una tecla con el dedo, sino que tocas un hierro muy caliente. Te duele el dedo y lo retiras inmediatamente. Y luego sigues presionando las teclas tan rápido que no tienes tiempo de quemarte, como se muestra en la imagen.

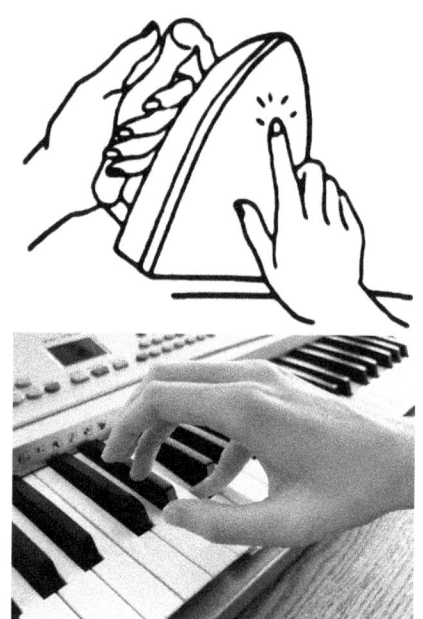

Al tocar staccato, puedes usar la mano para ayudar a que tu dedo rebote sobre la tecla un poco más rápido. Observa cómo en esta imagen el pianista usa toda la mano para tocar staccato. Simplemente no muevas la mano demasiado, como si estuvieras cortando verduras con un cuchillo en la cocina. Los movimientos de tus dedos y mano deben ser rápidos, pero a la vez suaves, ligeros y económicos. Económico significa no amplio ni tenso. Puedes ayudar a tus dedos a tocar staccato no solo con la mano, sino incluso con la mano. Pero los movimientos de la mano no deben ser muy bruscos ni casi imperceptibles.

Aprende y toca una nueva pieza. Fue escrita específicamente para que puedas aprender a tocar staccato rápidamente.

87. PELOTA QUE REBOTA

Arreglado por J. Mercer

Dinámico

Forte

Al principio, debajo del pentagrama, aparece la palabra Forte. Esto significa que la pieza debe tocarse a volumen alto. *Nota*: El tempo de la interpretación siempre se indica ENCIMA del pentagrama, y el volumen del sonido se indica DEBAJO del pentagrama.

En esta pieza, todas las notas con la batuta hacia arriba se tocan con la mano derecha. Y todas las notas con la batuta hacia abajo se tocan con la mano izquierda. En todos los compases de la pieza solo hay negras. Pero al empezar a tocar staccato y presionar y soltar rápidamente las teclas, las negras no sonarán con toda su duración, sino solo en el momento de pulsar la tecla. Inmediatamente después de pulsar rápidamente, habrá una pequeña pausa y la duración de la negra se acortará. Se cree que el staccato acorta la negra aproximadamente a la mitad. Todo resulta como se muestra en esta imagen. Se cuentan y se tocan las negras, y

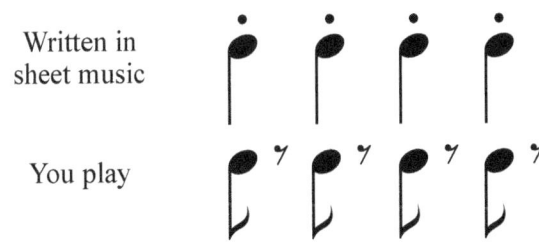

suenan los silencios de corchea. El signo 𝄾 denota un silencio de duración igual a una corchea, por eso se le llama silencio de CORCHEA. Como todos los demás silencios, se cuentan los silencios de corchea, pero no se tocan. *Recuerda lo principal*: al tocar "staccato", acortas el sonido de cada nota, pero esto no debería afectar en absoluto la Uniformidad del conteo ni la Temática de tu interpretación. La negra era una negra, y lo sigue siendo. Simplemente se le quita a cada nota aproximadamente la mitad de su sonido "legal".

88. DANZA UCRANIANA

Arreglado por J. Mercer

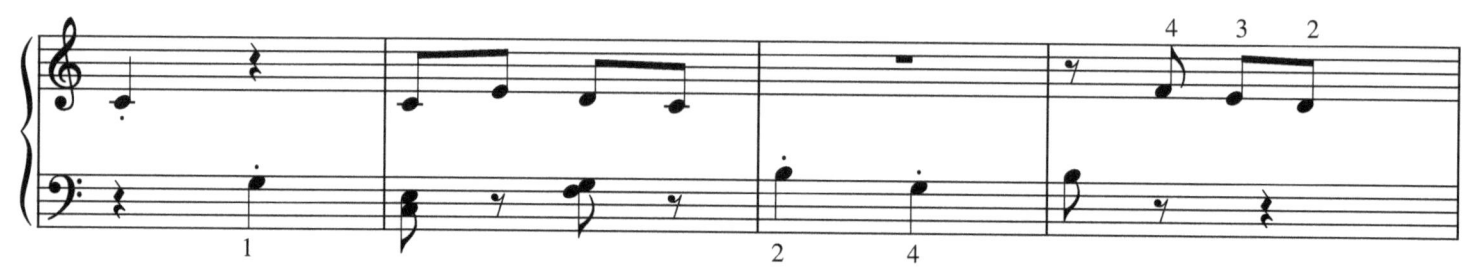

Todas las negras de esta pieza se tocan en staccato. Preste especial atención a las pausas de corchea. Hay pausas en cada compás, pero la melodía del baile nunca se interrumpe. Cuando una mano no toca, la otra debe tocar. En el noveno compás aparece la palabra "acelerando". Esto significa que desde este punto hasta el final de la pieza debes aumentar el tempo de tu interpretación. Toca esta pieza con la mayor alegría posible y luego, gradualmente, con la mayor rapidez posible. La música de este baile debe sonar fuerte, alegre y volar rápidamente, como un pájaro.

APRENDE A TOCAR PIEZAS EN TECLAS BLANCAS Y NEGRAS

Es hora de descubrir por qué las teclas negras "marchan" en el teclado de dos en dos, e incluso de tres en tres. Hace mucho tiempo, en la antigua Grecia, los músicos se dieron cuenta de que la música sería más bella y rica si hubiera más de siete sonidos en una octava. Entonces decidieron dividir cada paso de la "escalera" musical en dos mitades, de modo que entre todos los sonidos de la octava hubiera el mismo intervalo, equivalente a medio tono (¡medio "paso"!). No tocaron los pasos con una altura de MEDIO TONO. Y en el centro de cada uno de los cinco pasos con una altura de un TONO, "añadieron" un paso adicional, como en esta imagen.

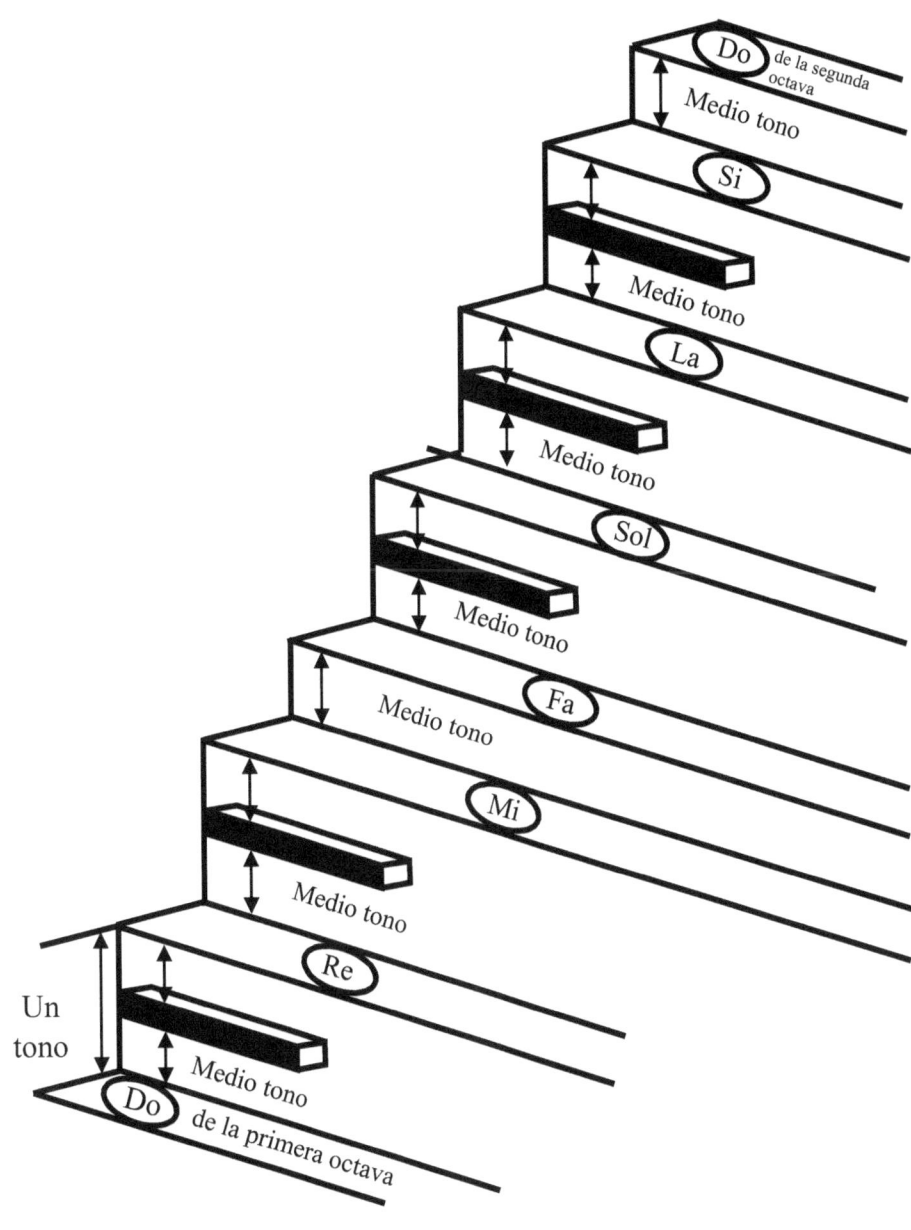

Estos cinco "pasos" adicionales son las cinco teclas negras que "marchan" de dos en dos y de tres en tres. Simplemente no pueden "marchar" de otra manera. No hay lugar para insertar un "paso" adicional entre las teclas blancas Mi y Fa, ni entre Si y Do. Ya existe un "paso" grave entre ellas: solo un semitono. Así que resultó que entre todos los sonidos y teclas de la octava, tanto blancas como negras, el intervalo de altura se volvió el mismo, equivalente a medio tono.

¡Cuenta cuántos semitonos hay en una octava! ¡Correcto! Exactamente tantos como todos los "pasos" junto con los adicionales: un total de doce semitonos. Por eso dicen que el intervalo de una octava es igual a seis tonos o doce semitonos.

Ahora debes aprender a nombrar correctamente las teclas negras. Estas teclas no tienen nombre propio. La tecla negra toma su nombre de una de las teclas blancas entre las que se encuentra. Por lo tanto, cada tecla negra tiene dos nombres.

Imagina que subes los doce escalones de la octava, tanto la blanca como la negra. Con cada paso, los sonidos se elevan medio tono, como en esta imagen.

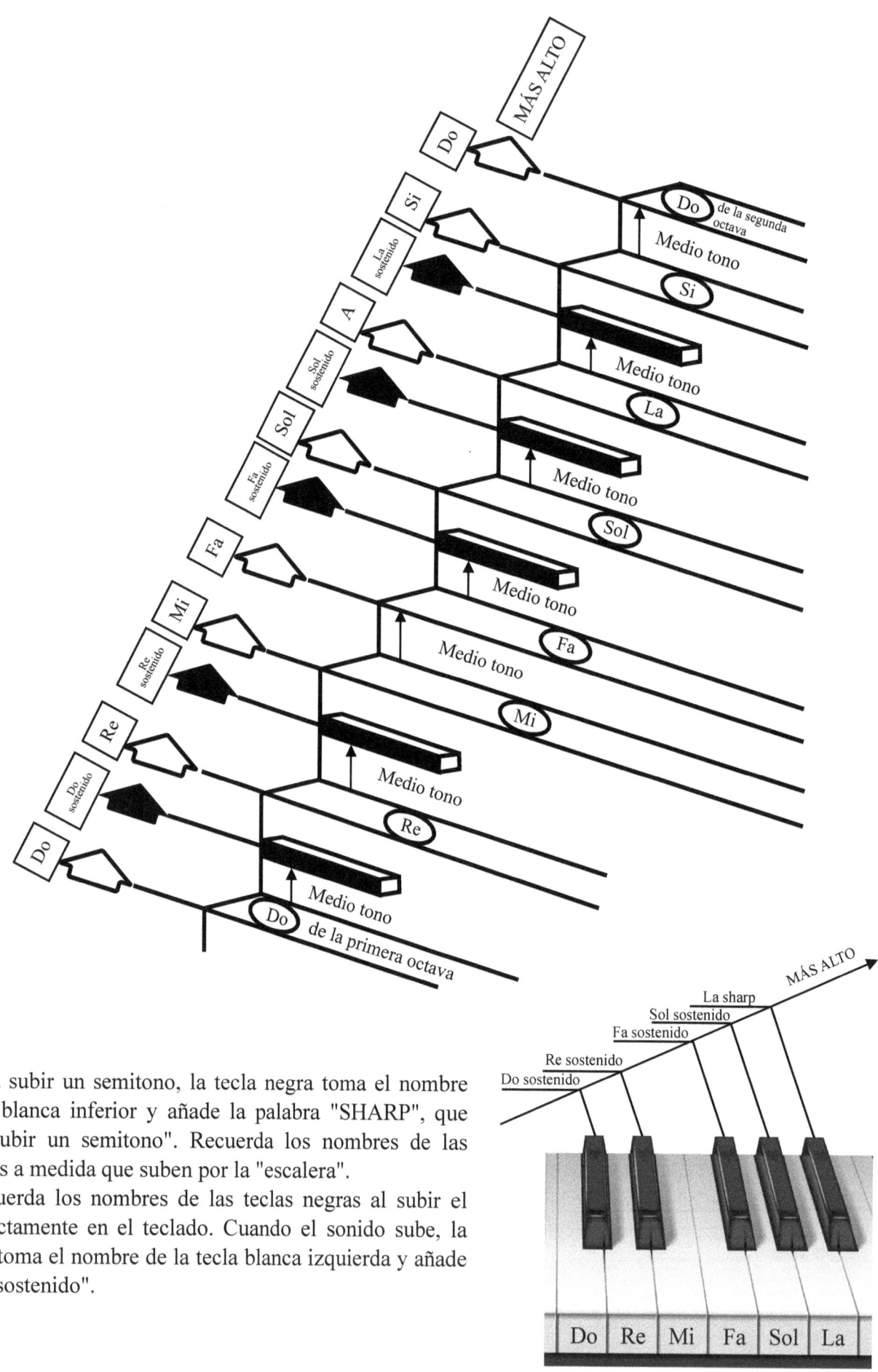

Para subir un semitono, la tecla negra toma el nombre de la tecla blanca inferior y añade la palabra "SHARP", que significa "subir un semitono". Recuerda los nombres de las teclas negras a medida que suben por la "escalera".

Recuerda los nombres de las teclas negras al subir el sonido directamente en el teclado. Cuando el sonido sube, la tecla negra toma el nombre de la tecla blanca izquierda y añade la palabra "sostenido".

Ahora imagina que bajas los doce pasos de la octava, tanto el blanco como el negro. Con cada paso, los sonidos se vuelven un semitono más graves, como en esta imagen.

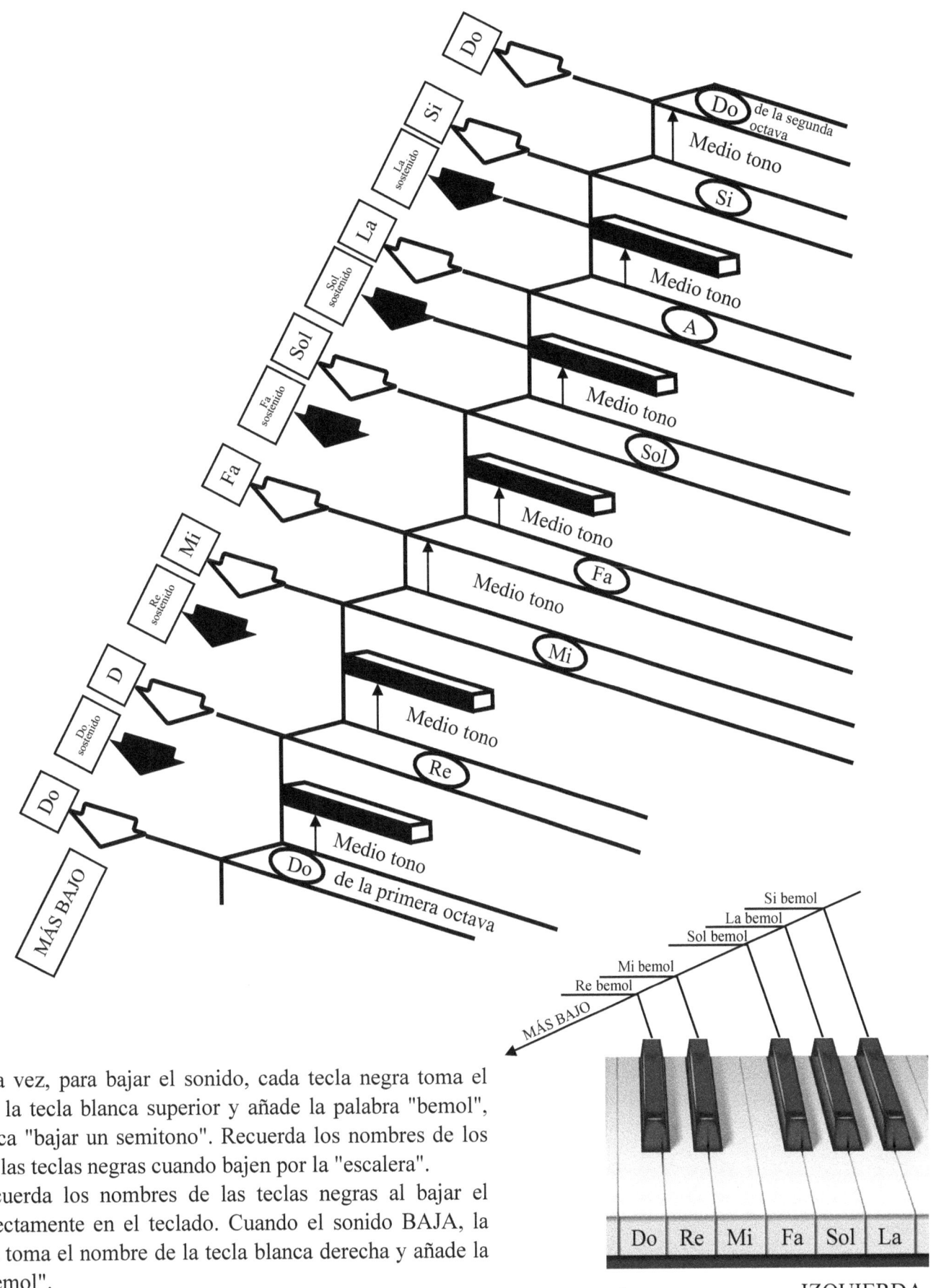

Esta vez, para bajar el sonido, cada tecla negra toma el nombre de la tecla blanca superior y añade la palabra "bemol", que significa "bajar un semitono". Recuerda los nombres de los sonidos de las teclas negras cuando bajen por la "escalera".

Recuerda los nombres de las teclas negras al bajar el sonido directamente en el teclado. Cuando el sonido BAJA, la tecla negra toma el nombre de la tecla blanca derecha y añade la palabra "bemol".

89. "TRES EN RAYA"

Parte I

Alegremente

Arreglado por J. Mercer

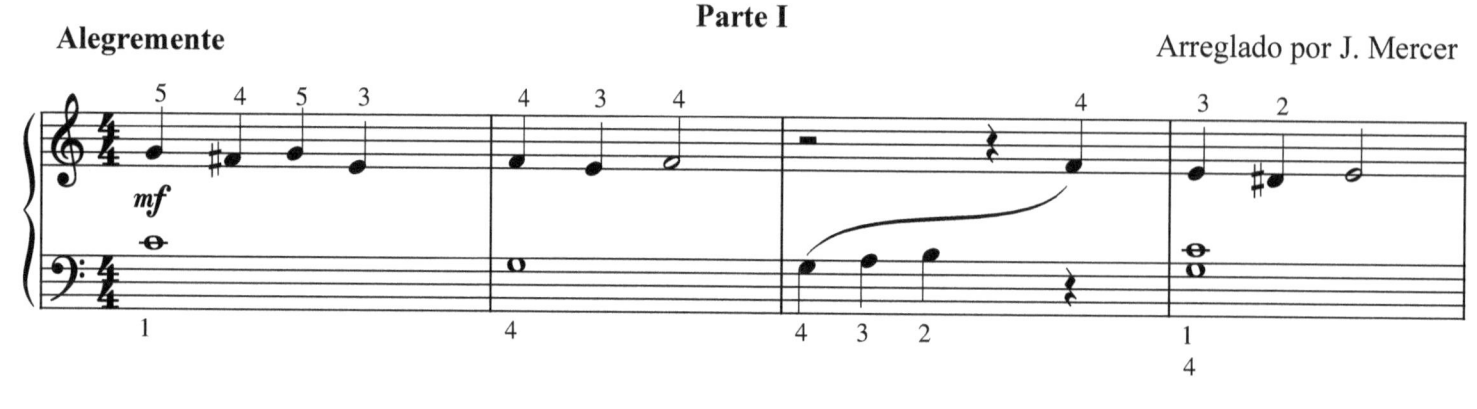

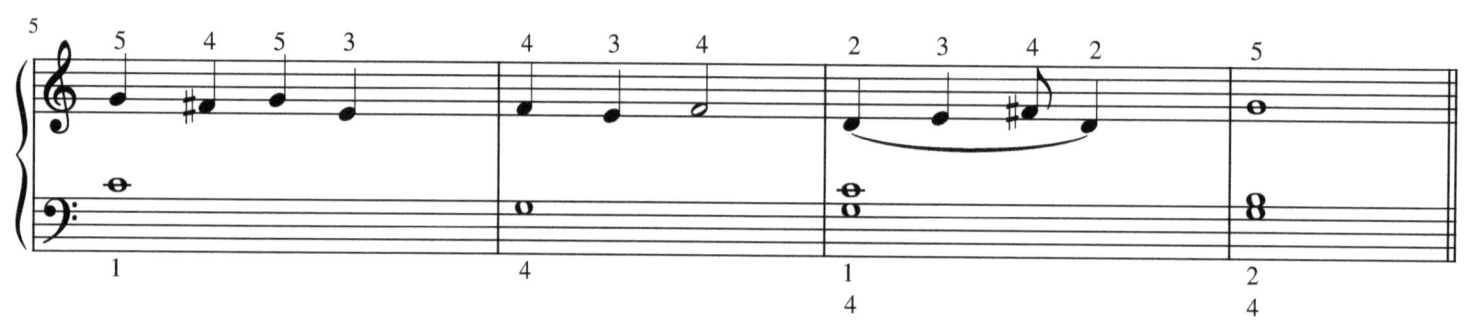

Parte II

En el primer compás, hay un signo ♯ antes de la nota fa. Este signo se llama sostenido. Ya conoces la palabra sostenido. Significa que la nota que tiene el signo sostenido antes debe elevarse medio tono.

Resulta que la tecla blanca Fa se tomó un descanso, y en su lugar debería funcionar la tecla negra Fa sostenido, situada a la derecha, que suena medio tono más aguda. Pero en el segundo compás, la nota Fa ya ha vuelto a su lugar. En el cuarto compás, la nota Re se tomó un descanso, y en su lugar también funcionará la tecla negra Re sostenido, como se muestra en esta imagen. Las teclas blancas Fa y Re también se tocan en otros compases: en el quinto, séptimo, noveno, duodécimo y decimotercero. En su lugar, debes pulsar las teclas negras, situadas a la derecha, y sonarán medio tono más agudas que las teclas blancas Fa y Re.

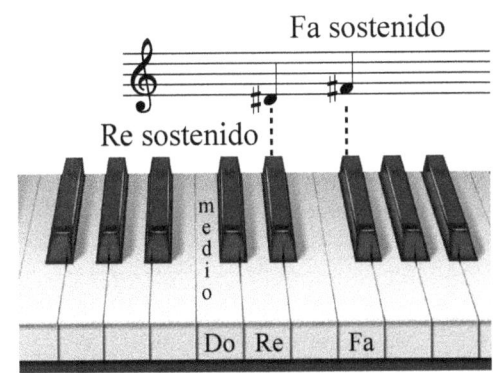

En el compás 13 del pentagrama inferior, encima de la nota Si, hay un signo ♭. Se llama "bemol". Tú también conoces esta palabra. Significa que la nota precedida por el signo "bemol" debe bajar medio tono.

Resulta que ahora la nota "desactivada" es el Si de la Octava Menor, y es reemplazada por la nota Si bemol, que suena medio tono más grave. Por lo tanto, se debe presionar la tecla negra a la izquierda de la nota Si, como se muestra en esta imagen. Los signos de sostenido y bemol están activos durante todo el compás en el que se encuentran. Sin embargo, no pueden subir ni bajar notas en otros compases, ni siquiera en los adyacentes. Más allá de la línea de su propio compás, el efecto de estos signos termina. Se puede asumir que los signos de sostenido y bemol, si aparecen en algún compás, tienen suficiente "potencia" solo para ese compás.

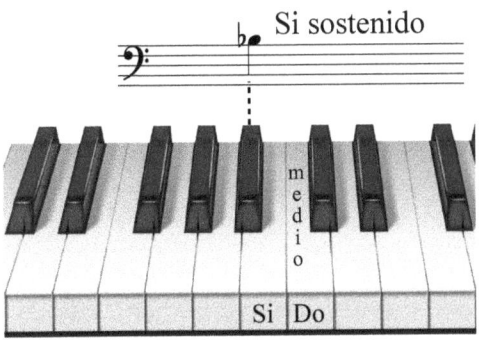

90. MUCHO MÁS ALLÁ DEL OCÉANO
Canción tradicional escocesa

Arreglado por J. Mercer

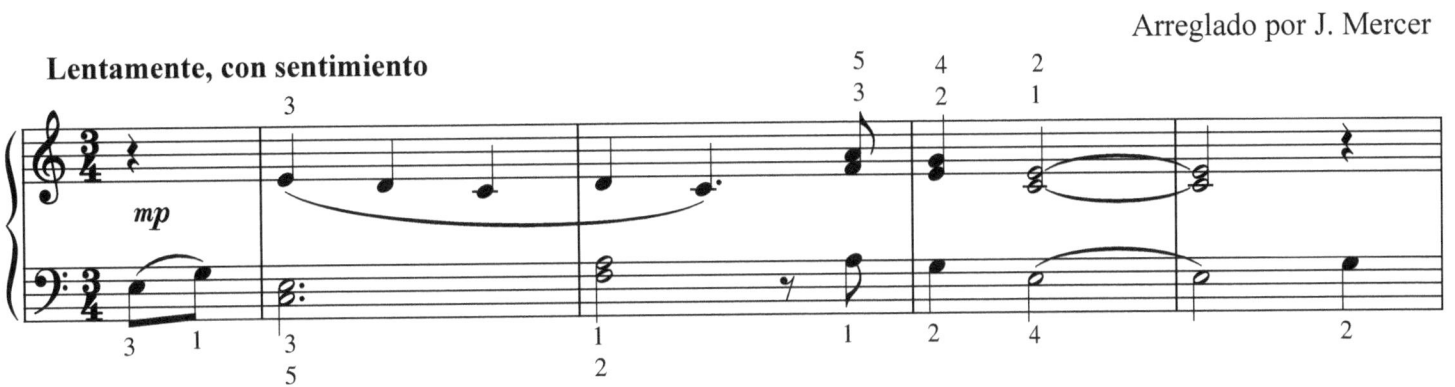

La señal ——————— significa que debes aumentar gradualmente el volumen.

91. ASCENSOR A LA TORRE EIFFEL

Tranquilamente

Arreglado por J. Mercer

   Toca esta pieza con una nueva disposición de los dedos sobre las teclas. Esconde los dedos índices bajo las palmas y coloca los demás sobre las teclas de modo que los dedos quintos estén listos para presionar las teclas de Fa de la Primera y la Octava Menor. Hay noticias para tu mano izquierda: la nota Si de la Octava Menor se ha tomado un descanso, y en su lugar tocarás la nota Si bemol. Presiona la tecla negra con el segundo dedo.

APRENDE A TOCAR EN POSICIÓN DE FA MAYOR

Ahora te familiarizarás con una nueva posición de los dedos sobre las teclas o, como dicen los pianistas, una nueva "posición de la mano". Distribuye los dedos sobre las teclas de la primera y la octava menor como se muestra en la imagen. Toca las teclas con las yemas de los dedos. El segundo dedo de la mano izquierda y el cuarto dedo de la mano derecha tocan las teclas negras.

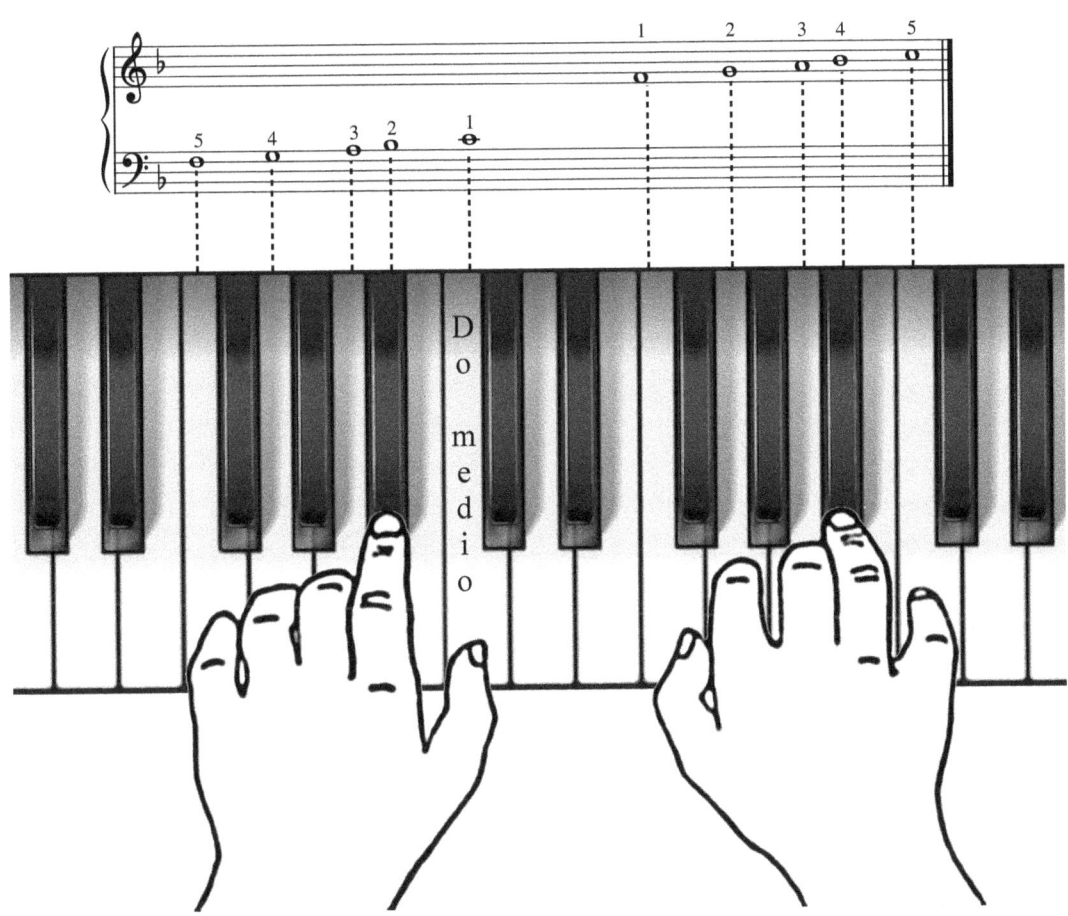

Esta disposición de los dedos sobre las teclas se denomina "posición de Fa mayor". Ya sabemos por qué "mayor" significa "enérgicamente, con firmeza". Y la nota Fa se debe a que el primer dedo de la mano derecha y el quinto de la mano izquierda están listos para tocar la nota Fa, que ahora se encontrará en los lugares más importantes de muchas piezas. En ambos pentagramas se muestra el mismo signo: ♭ "bemol".

En el pentagrama superior, está en la tercera línea, ocupada por la nota Si de la primera octava. En el pentagrama inferior, está en la segunda línea, también ocupada por la nota Si (la nota Si de la Gran Octava está escrita en la segunda línea del pentagrama inferior). Dado que los signos "bemol" están junto a las tonalidades de Sol y Fa, son válidos durante toda la pieza. Por lo tanto, desde el primer compás hasta el último, debes tocar la nota Si bemol en lugar de la nota Si. En cualquier compás, en cualquier lugar de la pieza y en cualquier octava, debes presionar la tecla negra a la izquierda en lugar de la tecla Si blanca y bajar la nota Si medio tono. Para facilitar la pulsación de las teclas negras, acerca un poco los dedos de ambas manos a las teclas negras, pero no demasiado hacia adelante, solo lo suficiente para que te resulte más cómodo.

Cuando el signo "bemol" está junto a la tonalidad, ya no se repite en las notas. Es necesario saberlo y recordarlo desde el principio de la pieza. Pero a veces las notas recuerdan el signo en clave.

¡Recuerde! Si los signos de bemol o sostenido se colocan en el pentagrama junto a las claves de Sol y Fa, se llaman signos de tonalidad y son válidos para toda la pieza.

92. FLORES DEL BOSQUE
Canción francesa

Tranquilamente

Arreglado por J. Mercer

En los compases 1, 3, 5 y 7 se ven negras con puntillos a la derecha. Estas son "negras con puntillo". El puntillo de la derecha afecta a la negra exactamente igual que a la blanca: prolonga la duración de la negra exactamente a la mitad. Todo funciona como en esta imagen. La duración de la negra con puntillo equivale a tres corcheas. Por lo tanto, las negras con puntillo se cuentan exactamente igual que las corcheas: se añade la palabra "y" a cada cuenta: "Uno-y, dos-y...".

Cuente las negras con puntillo y pulse las teclas como se muestra en estas dos imágenes.

Mantenga pulsada la tecla A durante la cuenta de "Uno-y, dos". Al final de la cuenta de "dos", suelte la tecla A y pulse la tecla Fa durante la cuenta de "y".

Nota: La corchea que sigue a la negra con puntillo se pulsa para la palabra adicional "y".

Toque Si Bemol con la mano derecha en los compases 2, 3, 5 y 7, y con la mano izquierda en los compases 1, 2, 3, 5, 6 y 7.

93. ILUSIONISTA EN EL CIRCO

Arreglado por J. Mercer

Moderadamente

La melodía de la pieza comienza con la anacrusa. Preste especial atención a la ejecución uniforme de ambas manos. Si bemol para la mano derecha en los compases 6, 7, 14 y 15, y para la izquierda, en notas dobles en los compases 4, 5, 6, 7, 12, 13 y 15.

94. TEJADOS DE PARÍS

Sobre temas de canciones populares francesas

Arreglado por J. Mercer

Tranquilamente

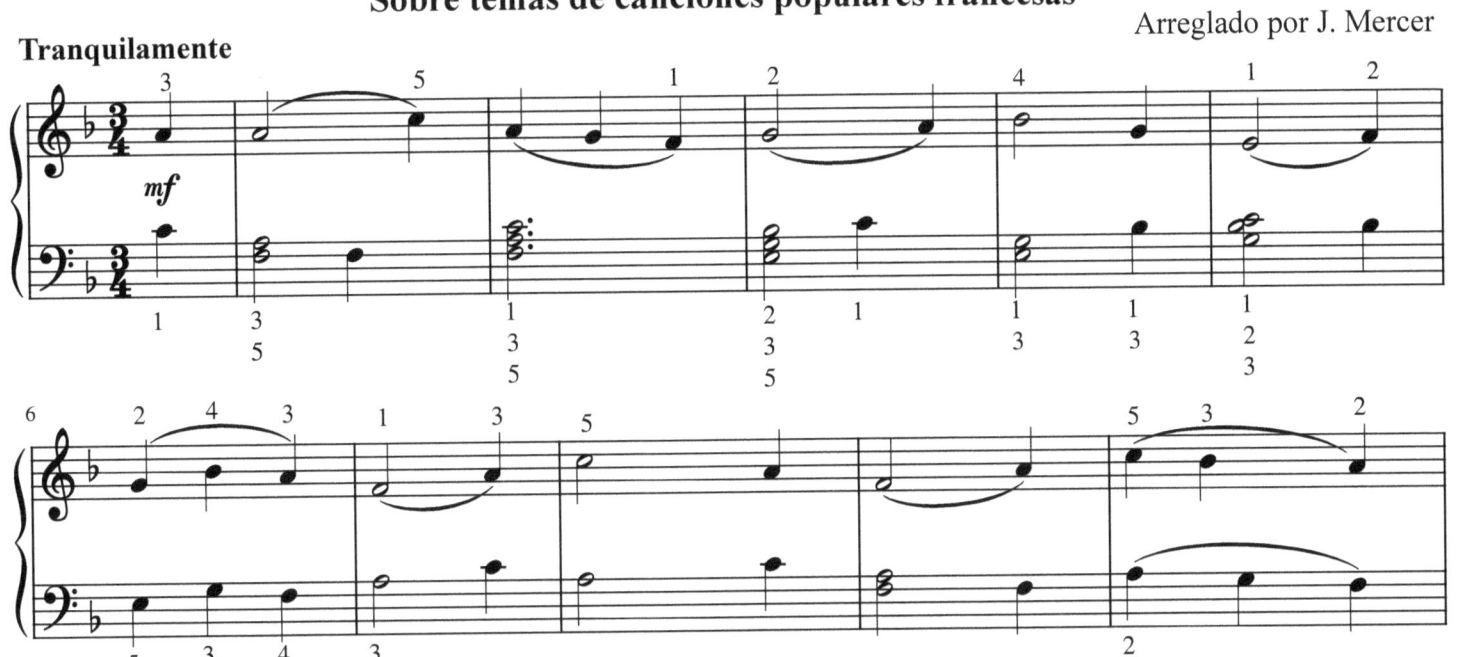

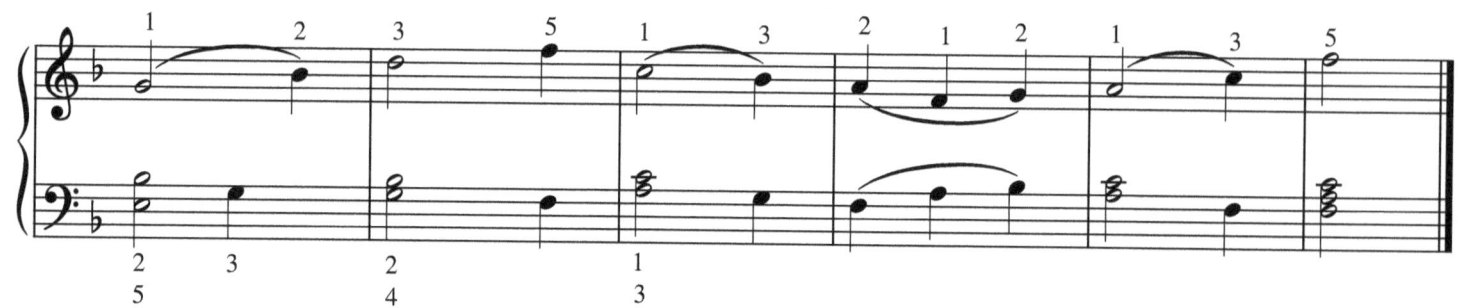

Toca si bemol con la mano derecha en los compases 5, 7, 11, 12 y 14. Determina en qué notas dobles, tríadas y acordes necesitas tocar si bemol con la mano izquierda. En el compás 14, mueve el tercer dedo de la mano derecha sobre el primero.

95. LAS CAMPANAS ESTÁN SUENAN
Canción estadounidense de Año Nuevo

Alegremente

Arreglado por J. Mercer

Aprende una pieza que ya conoces con la posición de la mano en Fa mayor.

En los pentagramas junto a las notas hay bemoles, así que a lo largo de la pieza debes tocar la nota Si bemol en lugar de la nota Si. Sin embargo, en el séptimo compás del pentagrama inferior, justo antes de la nota Si de la octava menor, hay un nuevo bemol ♮ . Este signo se llama BECUADRO. Se coloca para anular el efecto de los signos "bemol" y "sostenido". Por lo tanto, en el séptimo compás no se debe tocar la nota Do bemol, sino la nota Si, y presionar la tecla blanca, no la negra. El efecto del bemol comienza con la nota anterior y continúa hasta el final del compás, hasta la nueva línea. Tenga en cuenta que el bemol, si aparece en algún compás, solo tiene fuerza para ese compás. Por lo tanto, en el octavo compás se debe tocar de nuevo la nota Si bemol en lugar de la nota Si. El bemol, que se encuentra en el octavo compás antes de la nota Si, no era necesario. Se colocó para recordar el bemol, que ya está junto a la clave de Fa.

Para tocar la nueva pieza correctamente y con fluidez, necesitas aprender a mover el cuarto dedo sobre el primero justo durante la ejecución, como si los cruzaras. Observa cómo el pianista mueve el cuarto dedo en estas dos imágenes.

Aquí el cuarto dedo de la mano derecha se transfiere sobre el primer dedo

Aquí el cuarto dedo de la mano izquierda se lleva sobre el primer dedo

96. DOS PEQUEÑOS EJERCICIOS

Sujeta los dedos de la mano derecha como se muestra en la imagen. Repite estos ejercicios tantas veces como puedas hasta que aprendas a mover suavemente el cuarto dedo sobre el primero y, con suavidad, sin tensión ni tirones, pulsa la tecla deseada con el cuarto dedo. Al principio, toca los ejercicios lentamente y luego aumenta la velocidad del conteo y el tempo tan pronto como puedas. Pero solo gradualmente. Recuerda lo principal: todo el trabajo lo realizan los propios dedos. La mano solo realiza un movimiento lateral suave y muy ligero hacia el dedo que se está moviendo.

Sujeta los dedos de la mano izquierda como se muestra en la imagen. Ejecuta estos ejercicios exactamente igual que los de la mano derecha.

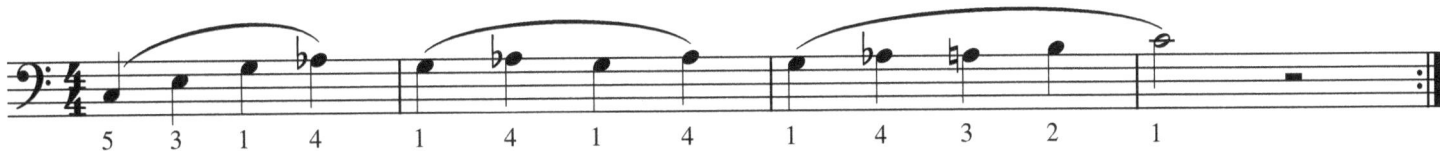

97. PILOTO

Arreglado por J. Mercer

En los compases 5, 7 y 8 se ven nuevos signos bajo el pentagrama superior. Parecen una campana, un cuerno o un tenedor con dos puntas: ⎯⎯⎯⎯⎯⎯ o ⎯⎯⎯⎯⎯⎯ . Estos signos indican cómo cambiar el volumen del sonido mientras se toca la pieza. ⎯⎯⎯⎯⎯⎯ — este signo indica que a partir del lugar donde se encuentra, es necesario aumentar gradualmente el volumen del juego.

⎯⎯⎯⎯⎯⎯ — este signo indica que a partir del lugar donde se encuentra, es necesario disminuir gradualmente el volumen.

Comience a tocar la pieza con un volumen medio. — *mp*. Pero en los compases 5, 6 y 7, aumente gradualmente el volumen, y en el compás 8, disminuya gradualmente, para terminar la pieza con el mismo volumen — *mp*, con el que comenzó. En los compases 5 y 7 del pentagrama inferior, antes de la nota Si de la octava menor, hay un signo natural. Por lo tanto, en lugar de la nota Si bemol, toque la nota Si en estos compases. En los compases 1, 3, 5, 7 y 9, pase el cuarto dedo por el primero.

98. CABARET
Basada en los bailes del cabaret parisino "Moulin Rouge"

Arreglado por J. Mercer

En el 2do y 6to compás, coloca el 1er dedo de tu mano derecha debajo del 3er dedo, y en el 8 último compás, mueve el 4to dedo de la misma mano sobre el 1er dedo.

APRENDE A TOCAR EN LA POSICIÓN "SOL MAYOR"

Ahora te familiarizarás con una nueva posición de la mano. Distribuye los dedos sobre las teclas de la primera y la octava menor como se muestra en la imagen. Toca las teclas con las yemas de los dedos.

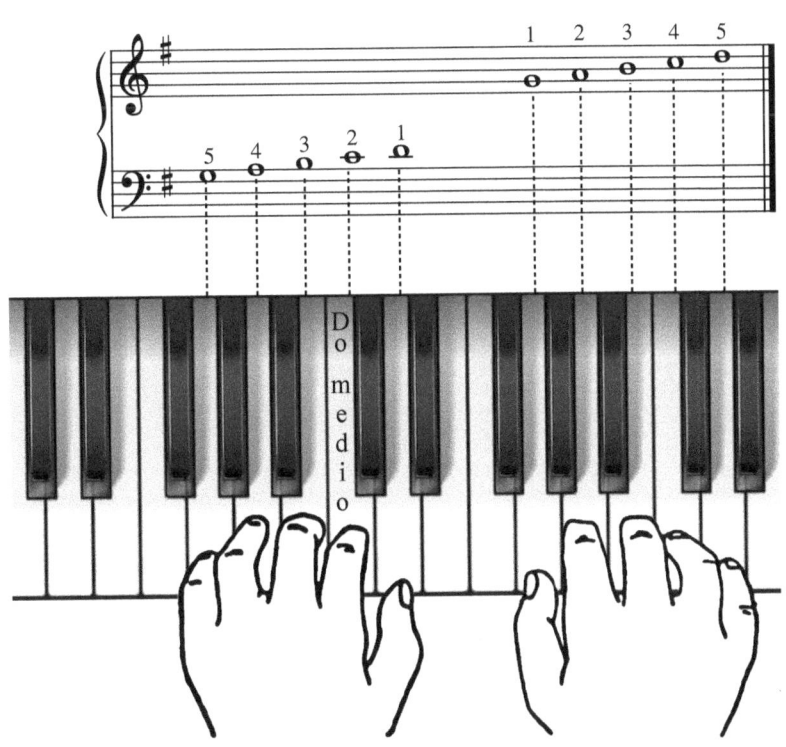

Esta disposición de los dedos sobre las teclas se denomina posición de Sol mayor. El primer dedo de la mano derecha y el quinto de la mano izquierda están listos para tocar la nota Sol. Ambos pentagramas tienen el mismo signo de clave: ♯ — "sostenido".

En el pentagrama superior, se encuentra en la quinta línea, ocupada por la nota Fa de la segunda octava. En el pentagrama inferior, se encuentra en la cuarta línea, también ocupada por la nota Fa de la octava menor. Dado que los signos de sostenido están junto a las notas Sol y Fa, son válidos durante toda la pieza, desde el primer compás hasta el último. Por lo tanto, durante toda la pieza, se debe tocar la nota Fa sostenido en lugar de la nota Fa. En cualquier compás, en cualquier lugar de la pieza y en cualquier octava, se debe presionar la tecla negra a la derecha en lugar de la tecla Fa blanca y tocar la nota Fa sostenido.

Para facilitar la pulsación de las teclas negras, acerque los dedos de ambas manos un poco más a ellas, pero no demasiado hacia adelante.

Cuando el sostenido está junto a la clave, no se repite junto a cada nota de fa. Es necesario conocerlo y recordarlo desde el principio de la pieza.

99. CAMINO EN LAS MONTAÑAS

Arreglado por J. Mercer

En el tercer compás, toca la nota Fa sostenido con el quinto dedo de tu mano izquierda.

100. PONI

Arreglado por J. Mercer

Toca con la posición de la mano "Sol Mayor" una pieza que ya conozcas.

101. LAS CAMPANAS ESTÁN SONANDO
Canción estadounidense de Año Nuevo

Arreglado por J. Mercer

Alegremente

111

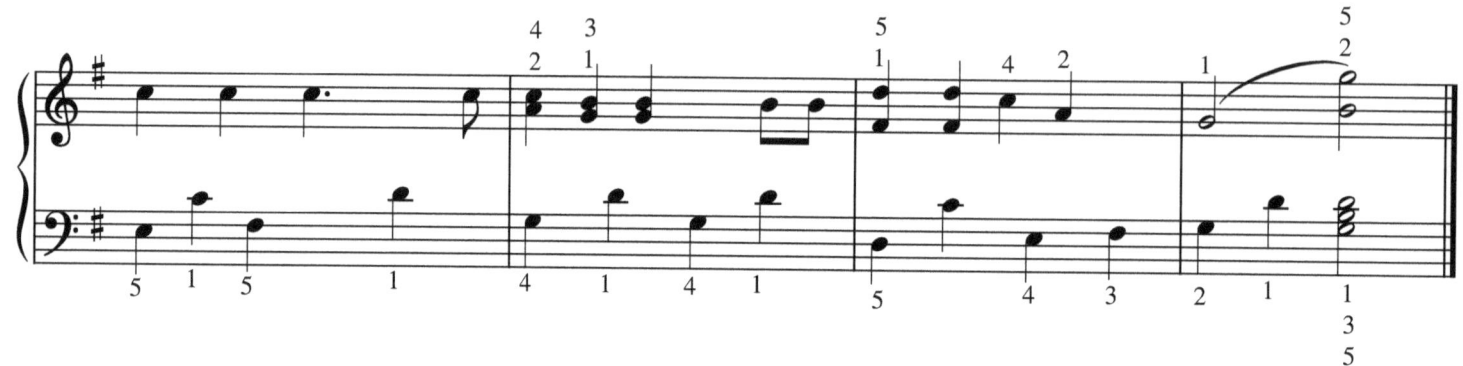

En los compases 4 y 12, los signos naturales antes de la nota Fa anulan el efecto del sostenido.

En el 7 compás, en las notas dobles del pentagrama inferior, se debe tocar el Do sostenido dos veces seguidas. En el 8 compás, el sostenido ya no funciona y se debe tocar el Do. Para evitar tocar el Do sostenido de nuevo por error, el signo natural se coloca especialmente antes del Do, aunque ya no es necesario.

102. EN MOTOCICLETA

Arreglado por J. Mercer

Moderadamente

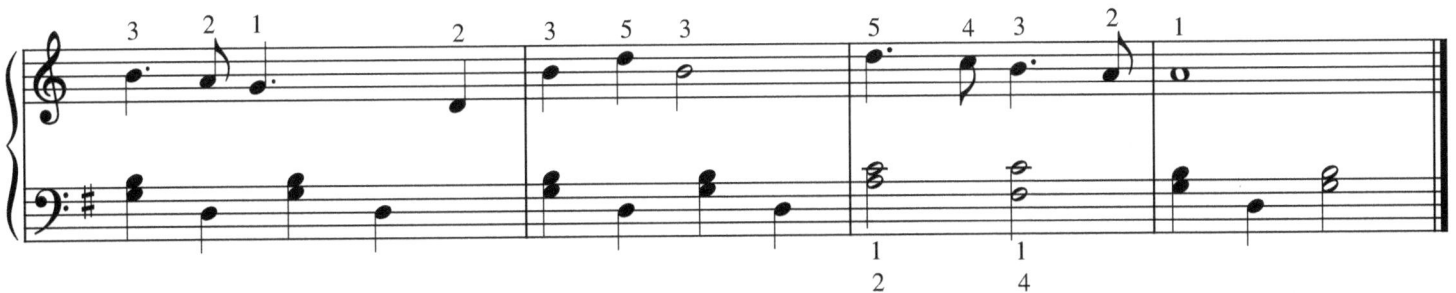

Al final de la pieza, en el compás 15, toca la nota Fa sostenido con el cuarto dedo de la mano izquierda.

103. EN LA LUNA CLARA

Arreglado por J. Mercer

Tranquilamente

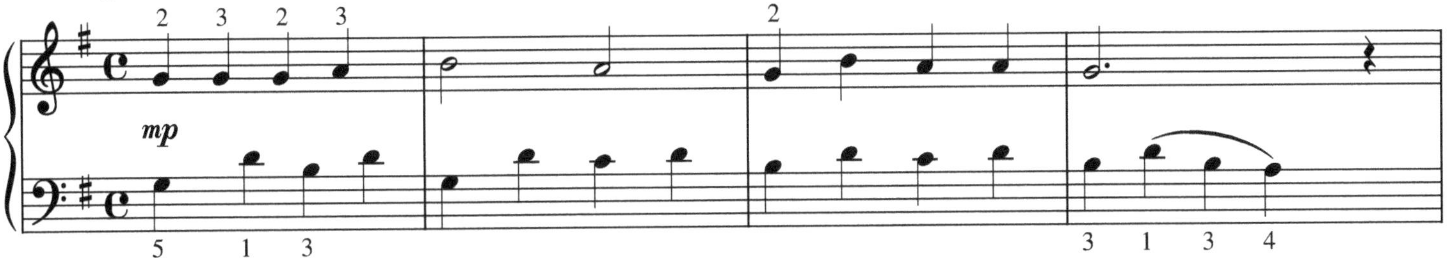

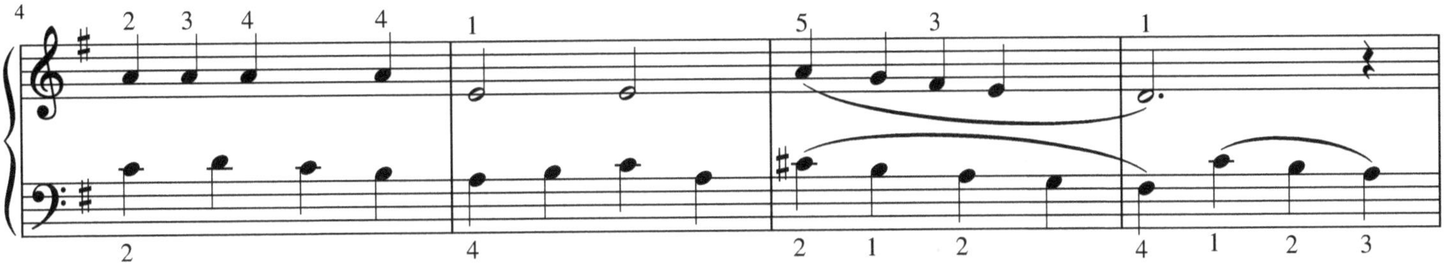

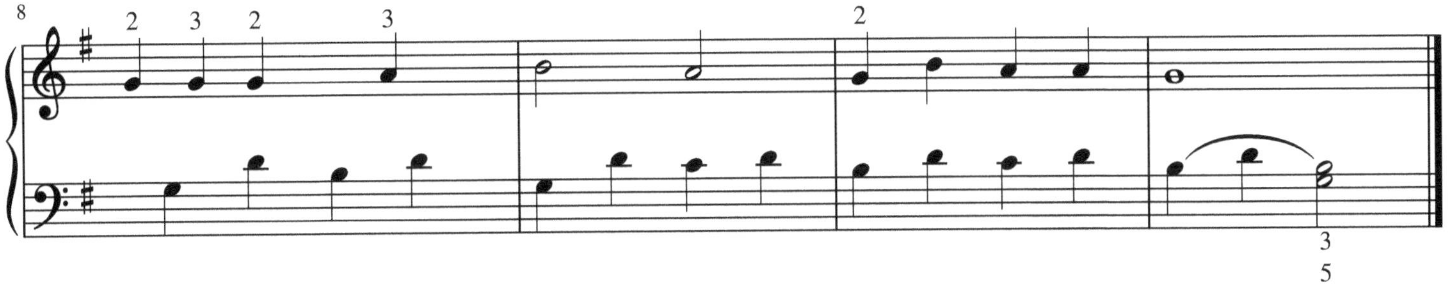

En los compases 1, 5 y 9, las notas idénticas adyacentes (Sol y la) se tocan mejor con dedos diferentes. En el 7 compás, toque la nota Fa sostenido con el tercer dedo de la mano derecha, y en el 8 compás, toque la nota Fa sostenido de la octava menor con el cuarto dedo de la mano izquierda. En el 7 compás, presione la tecla negra con el segundo dedo de la mano izquierda y toque la nota Do sostenido. Al mismo tiempo, coloque el primer dedo debajo del segundo con antelación, para tener tiempo de presionar la siguiente tecla suavemente y tocar si.

104. PASEO A CABALLO

Moderadamente

Arreglado por J. Mercer

Con la mano izquierda, toque la nota Fa sostenido en los compases 3, 4, 5, 9, 15 y 16. Con el segundo dedo de la mano derecha, toque Fa sostenido en el compás 16. En el décimo compás, toque Do sostenido, y en el undécimo, toque esta nota en ambos pentagramas a la vez. En los compases 12 y 13, la ligadura conecta dos notas Re idénticas. Por lo tanto, presione la tecla Re con el quinto dedo solo una vez (en el compás 12) y manténgala presionada durante dos compases completos (el 12 y el 13).

105. COCHE VIEJO

Arreglado por J. Mercer

La nota Fa sostenido aparece en el pentagrama superior en los compases 2, 6 y 14, y en el pentagrama inferior en los compases 3, 4, 7 y 15. Cuente y toque las negras con punto con cuidado.

APRENDE A TOCAR Y A COLOCAR LOS DEDOS EN DIFERENTES POSICIONES

Ya has comprendido que la posición de los dedos sobre las teclas depende de las notas de la pieza. Por lo tanto, un pianista debe poder cambiar la posición de los dedos con rapidez y fluidez.

Pero independientemente de la posición de los dedos, siempre deben estar ligeramente redondeados, relajados y moverse con facilidad y libertad.

106. EN LA CIMA DE LA MONTAÑA
Canción tradicional americana

Arreglado por J. Mercer

En primer lugar, determine correctamente la duración de las notas idénticas adyacentes unidas por una ligadura independiente. Recuerde: la primera nota conectada "toma" la duración de las demás y suena "una para todas". Por ejemplo, en los compases 4 y 5, la nota "La" sonará solo durante 5 tiempos; en los compases 7, 8 y 9, la nota "Sol" sonará solo durante 8 tiempos. Calcule de antemano la duración de las notas idénticas restantes unidas por una ligadura independiente.

107. VALS TIROLÉS
Sobre temas de melodías tirolesas

Arreglado por J. Mercer

Lentamente

Toca este vals con más frecuencia y tus dedos se estirarán gradualmente y cubrirán más teclas del teclado. En el sexto compás, mueve el segundo dedo de la mano derecha sobre el primero.

108. EL ÓRGANO TOCA

Moderadamente

Arreglado por J. Mercer

Toca esta pieza lenta y solemnemente, porque así suena un órgano real en una gran sala. Sube y baja el volumen donde se indique en las notas. En el duodécimo compás del pentagrama inferior, entre la primera y la segunda línea, verás una nota que no has tocado antes. Es la nota La de la Octava Mayor. Pulsa la segunda tecla a la izquierda del Do de la Octava Menor.

109. ROBOTS EN UN PASEO

Arreglado por J. Mercer

Lentamente

En los compases 13 y 14 hay dos pequeñas notas tachadas: Si bemol y Sol. Estas notas se llaman "nota de adorno", que significa "preacento". Se llaman así porque no se cuentan sus duraciones individuales, no se acentúan y se tocan a expensas de la duración de la nota anterior. La nota de adorno simplemente "roba" un poco de duración a la nota anterior, pero a cambio la adorna. Resulta que, en lugar de una nota, suenan dos: primero, la nota de adorno suena muy brevemente, e inmediatamente después, la nota principal. La nota de adorno debe tocarse con mucha rapidez y facilidad. Por lo tanto, practique primero: golpee suavemente la tecla Sol con el cuarto dedo, como si estuviera encendiendo una cerilla, e inmediatamente "pase" a la tecla La con el quinto dedo.

Toque la nota de adorno en Si bemol exactamente así. "Golpee" la tecla negra con el tercer dedo e inmediatamente mueva el segundo dedo a la tecla La. Antes de tocar la pieza, recuerda cómo caminan los robots en las películas. Por ejemplo, cómo camina el "policía robot". ¡Así se toca!

110. ELFO DEL BOSQUE

Arreglado por J. Mercer

En todos los compases, excepto el 4, debes tocar alternativamente staccato y legato. En los compases 2, 3 y 4, en el pentagrama inferior hay notas que parece que nunca has oído. Pero, de hecho, te resultan muy familiares. Se trata de las notas Re, Mi y Fa de la Primera Octava, que se han movido del pentagrama superior al inferior para que puedas tocarlas con la mano izquierda.

Observa en esta imagen cómo las notas se mueven del pentagrama superior al inferior y cómo se escriben de una forma nueva en el pentagrama inferior.

En el cuarto compás, toque Re sostenido con el segundo dedo de la mano izquierda. Toque la pieza a un volumen medio — *mf*, y en los compases segundo y sexto, acentúe la nota Mi, ya que hay acentos sobre estas notas. En el cuarto compás, en el pentagrama inferior, hay una nota Re sostenido de la primera octava. Presione la tecla negra con el segundo dedo de la mano izquierda.

111. VIEJA AMISTAD
Canción popular escocesa

Arreglado por J. Mercer

La melodía de esta canción se compone de frases musicales largas y fluidas. Por lo tanto, es necesario tocar la pieza lentamente, a un tempo y volumen medios: al principio, un poco más suave, en el medio, un poco más fuerte, y al final, un poco más suave. Para que el legato sea más fluido, intenta cambiar de dedo para las mismas notas si están juntas. Por ejemplo, en el segundo compás, toca primero la nota Fa con el cuarto dedo, luego con el tercero y el segundo.

112. VALS DE LAS BAILARINAS FIGURADAS

Lentamente

Arreglado por J. Mercer

En el pentagrama superior, en los compases 3 y 4, dos notas La están conectadas por una ligadura común. Esto significa que basta con pulsar la tecla La una vez, y la nota La sonará durante dos compases completos: las seis negras. De igual manera, dos notas Si están conectadas por una ligadura común en los compases 7 y 8.

113. GIMNASTA EN EL TRAPECIO
Canción de circo

Arreglado por J. Mercer

Lentamente, silenciosamente

122

En el compás 16 del pentagrama superior, se ve la designación "1-3" sobre la nota Sol. Resulta que esta nota debe tocarse con dos dedos a la vez: el primero y el tercero. De hecho, se presiona la tecla Sol solo con el primer dedo. Y luego, sin soltarla, se cambia el primer dedo al tercero justo en la tecla. Mientras la nota Sol suena durante tres negras, tendrás tiempo suficiente para hacerlo. Pero ahora te resultará conveniente tocar la nota doble "Sol-Re" en el último compás 17. Aprende a cambiar de dedo de forma suave e imperceptible en la misma tecla.

114. ALREDEDOR DE LA MONTAÑA
Canción tradicional americana

Arreglado por J. Mercer

Al principio del segundo compás, bajo la negra Sol, se ve una redonda doble Si-Re. Nunca se ha visto una disposición de notas así en un solo pentagrama. Esta notación se utiliza para indicar una técnica especial, muy importante e interesante para tocar el piano, llamada "tocar con una mano en la primera y segunda voz". Aprende a hacerlo. A la cuenta de "uno", se pulsan tres teclas a la vez con los dedos índice, segundo y cuarto: Si de la Octava Menor, Re y Sol. Con los dedos índice y segundo, se mantiene pulsada la redonda doble Si-Re durante los cuatro tiempos. Simultáneamente, sin soltar estas dos teclas Si y Re, se pulsa la tecla Sol tres veces más con solo el cuarto dedo en la cuenta: "¡Dos, tres, cuatro!". Resulta que se toca la melodía con el cuarto dedo, y los dedos índice y segundo tocan el acompañamiento con la segunda voz. También mantén pulsada la nota Si en el tercer compás y la doble nota Re-Sol en el sexto. En el undécimo compás, la blanca mantenida Fa sonará solo durante las dos primeras negras del compás. A la cuenta de tres, retira el dedo índice de esta tecla y deja de mantener pulsada la nota Fa. *¡Presta atención y recuerda!* Las notas que registran la segunda voz y las notas que registran la melodía principal tienen "palos" que apuntan en direcciones opuestas. Esto se hace para distinguir una voz de la otra. En los compases 4, 5, 16, 17 y 18, se tocará la segunda voz solo con negras individuales. Al igual que en la melodía principal, la segunda voz tiene sus propios silencios en las notas. Puedes ver estos silencios de negra en los compases 4, 5, 11, 16, 17 y 18.

En el compás 17 y el último 19, en la primera línea del pentagrama inferior hay una nota Sol de la Gran Octava, que debe tocarse con el quinto dedo.

Preste atención al sostenido en el séptimo compás, antes de la nota Do. En el octavo compás, hay un bemol antes de esta nota, pero este bemol es solo un recordatorio. Sin embargo, en el decimoquinto compás, antes de la segunda nota Do, el bemol es muy necesario. Cancela el efecto del sostenido antes de la primera nota Do. En el undécimo compás, el bemol antes de la nota Fa de la voz superior cancela el efecto del sostenido. En el decimotercer compás, al tocar la doble nota Si bemol - Do sostenido, presione dos teclas negras a la vez con los dedos índice y quinto de la mano izquierda.

115. PALOMA, VEN A VOLAR
Canción popular alemana

Arreglado por J. Mercer

Tranquilamente

La melodía de la canción consta de dos frases que deben tocarse en legato. La pieza comienza con un compás incompleto: la anacrusa. Por lo tanto, en el primer compás no es necesario acentuar, sino tocar las dos primeras corcheas con pulsaciones suaves. El primer compás será entonces ligero, como el aleteo de una paloma. En los compases tercero y séptimo, las mismas notas Re están juntas. Es mejor tocarlas con dedos diferentes.

Aprende a tocar la misma tecla con suavidad.

Con la mano izquierda, toca un legato común para todos los compases.

116. LA PRIMERA NAVIDAD
Canción tradicional americana

Arreglado por J. Mercer

Tranquilamente

La pieza consta de frases largas que deben tocarse en legato. Así, suavemente, paso a paso, de un dedo a otro. En el último compás, sobre las dos últimas notas, hay un nuevo signo — 𝄐. Esta señal se llama FERMATA, que en italiano significa "parar" o "pausa". Por lo tanto, hay que mantener pulsadas las teclas hasta que el sonido se detenga gradualmente por sí solo. La duración de las notas, sobre las cuales se encuentra la señal de "fermata", no es especialmente importante.

117. GATO SOBRE UN TEJADO CALIENTE

Animado, movible

Arreglado por J. Mercer

Esta pieza utiliza los tres estilos de interpretación: legato, no legato y staccato. En los primeros ocho compases, la mano izquierda toca tanto la octava menor como la primera. En la octava menor, se presiona solo la tecla Sol con el quinto dedo. En la primera octava, se presionan las notas mi, Re sostenido y Fa con el primer y segundo dedo, y en el octavo compás, se toca la nota doble do-mi con dos dedos a la vez: el primero y el tercero. En los compases noveno y décimo, la ligadura une las notas del pentagrama inferior y superior. Esto significa que al tocar legato, se debe "pasar" de la mano izquierda a la derecha. En el décimo compás, la clave de Sol aparece en el pentagrama inferior. Esto se hace para facilitar la búsqueda y ejecución de las notas de la primera octava con la mano izquierda. En el undécimo compás, la clave de Fa vuelve a su lugar. En el séptimo compás, tocando la nota Do, coloca el primer dedo de tu mano derecha debajo del tercero.

118. DANZA DE LOS JEFES INDIOS

Parte I

Arreglado por J. Mercer

Parte II

La danza debe tocarse con mucha regularidad y a un ritmo rápido. El acompañamiento de negras dobles te ayudará a tocar con regularidad: La (Octava Mayor) - Mi (Octava Menor).

Este acompañamiento no cambia desde el principio hasta el final de la pieza y se asemeja a los ritmos apagados y regulares de los tambores de guerra indios. Además, en casi todos los compases, es necesario enfatizar la primera negra, el pulso fuerte del compás. A partir del tercer compás, el signo de nota — ⊽ aparece en las notas. Estas notas deben tocarse con especial claridad. La tecla debe presionarse con fuerza y debe mantenerse la duración completa de la nota.

La pieza se toca a un volumen alto, y solo a partir del noveno compás el volumen del sonido disminuye a un nivel medio. Pero luego, a partir del decimosexto compás, el volumen aumenta gradualmente, y a partir del decimonoveno compás, aumenta aún más. Al final, el baile suena muy fuerte.

En los dos primeros compases de la segunda parte de la pieza, presta atención al staccato.

Tienes que aprender este baile tan bien que puedas tocarlo uniformemente en 40 segundos.

119. ENCUENTRO FORTUITO

Moderadamente

Arreglado por J. Mercer

En los compases 1, 3, 5, 7, 9, 11 y 13, el primer dedo de la mano derecha se coloca debajo del segundo. Antes de aprender y tocar la pieza, toque cada uno de estos compases por separado y practique hasta que empiece a colocar el primer dedo con facilidad, libertad y sin forzar los dedos ni la mano. Del 9 al 12, la clave de Fa da paso a la clave de Sol en el pentagrama inferior. Tocará estos compases con ambas manos, derecha e izquierda, en la misma clave de sol. Esto se hace para facilitar la búsqueda y ejecución de las notas de la primera octava con la mano izquierda. A partir del 13, la clave de Fa regresa al pentagrama inferior. Preste especial atención: en la pieza, el volumen del sonido cambia constantemente, desde *mf* a *P*, entonces a *f*, y luego otra vez a *mf*.

120. FELIZ AÑO NUEVO
Canción tradicional americana

Arreglado por J. Mercer

Toda la pieza, excepto los compases 4, 8 y 12, se toca sin legato. En los compases 1, 5, 9, 10 y 13, intenta tocar las mismas notas una al lado de la otra con dedos diferentes. En los compases 3 y 11, presiona la tecla Re con el dedo índice de la mano derecha y mantenla presionada durante un compás entero (los cuatro tiempos). Simultáneamente, toca negras de Fa con el dedo índice. En los compases 12 y 15, toca dos blancas con la segunda voz. Recuerda: las baquetas de las notas de la segunda voz están orientadas en dirección opuesta. Presta atención al compás 7: hay dos bemoles en el pentagrama inferior. El primer bemol antes de la nota Si anula el efecto del bemol, que está junto a la clave. Pero el signo natural antes de la nota Fa anula el efecto del sostenido, que también aparecía antes de la nota fa, pero solo en el pentagrama superior. Por lo tanto, en este compás, se toca la tecla negra de Fa sostenido con la mano derecha y la blanca de Fa con la izquierda. En el décimo compás, con el tercer y el primer dedo de la mano izquierda, se presionan simultáneamente las teclas negra y blanca de Do sostenido y mi, y luego, de la misma manera, con el tercer y el segundo dedo, se presionan dos teclas negras de Do sostenido y Mi bemol, ya que el sostenido es válido durante todo el compás.

121. HOGAR EN FLORIDA

Arreglado por J. Mercer

En muchos compases (el 1, 3, 5, 6 y otros) es necesario colocar suavemente el 1er dedo debajo del 3 y transferir el 3er dedo sobre el 1. Recuerda siempre: la principal belleza y el encanto de tocar el piano reside en la fluidez y facilidad con la que se tocan largas y hermosas frases musicales en legato.

En los compases 11 y 12, dos ligaduras conectan dos notas dobles idénticas, una al lado de la otra. Te recuerdo: no se toca la segunda nota doble, sino que se cuenta su sonido.

122. CABRA SOBRE LOS RIELES
Canción del estudiante

Arreglado por J. Mercer

Esta es una pieza especial. Te enseñará a tocar la melodía y el acompañamiento con la mano izquierda al mismo tiempo. Así que olvídate de la mano derecha por un rato y toca toda la pieza solo con la izquierda.

Se toca con la mano izquierda en dos pentagramas a la vez: en la tonalidad de "Sol" y en la de "Fa". Los números de los dedos en ambos pentagramas se indican solo para la mano izquierda.

La pieza tiene muchos acordes que ayudan a estirar ligeramente los dedos de la mano izquierda. Sin embargo, no se deben forzar demasiado los dedos ni la mano al tocar los acordes. Procura, sobre todo, no forzar el primer y el quinto dedo. Mantén la mano lo más libre y relajada posible.

Al tocar los acordes, intenta preparar los dedos con antelación, mientras aún están en el aire, para que te sea más fácil tocar las teclas correctas. Asegúrate de que el quinto dedo presione la tecla con la punta, no con el lateral.

Es mejor aprender la pieza lentamente y por partes, de dos a tres compases.
Al final de la pieza hay una repetición, un signo de repetición. ¡Recuérdalo! Siempre es útil repetir esta pieza.

123. TREN A LA RIVIERA

Arreglado por J. Mercer

La mano derecha toca frases cortas escritas en corcheas (legato). Estas frases representan el movimiento de un tren que se acerca lentamente a un famoso balneario. La mano izquierda toca negras y blancas, que representan los silbidos del maquinista. En el pentagrama inferior de cada compás hay dos notas. La primera es una negra, escrita en clave de fa. La segunda es una blanca, escrita en clave de sol. Ambas notas deben tocarse con la mano izquierda. La clave de Sol en el pentagrama inferior es necesaria para facilitar la búsqueda y la interpretación de las notas de la primera y la segunda octava con la mano izquierda. Todas las notas del pentagrama inferior, precedidas por la clave de sol, deben tocarse moviendo la mano izquierda sobre la derecha. Y todas estas notas deben tocarse con un acento más marcado. Por ejemplo, en el primer compás se toca el Do de la octava menor con la mano izquierda, y luego se mueve la mano izquierda sobre la derecha y se toca el Do de la segunda octava con acento.

El signo ∧ (o ∨) en las notas indica un acento aumentado.

124. NOCHE DE PAZ

Tranquilamente

Arreglado por J. Mercer

134

En los compases 1, 3, 5, 7, 11, 13 y 14, hay blancas con puntillo, con las baquetas hacia abajo en el pentagrama superior. Estas son notas retardadas que deben sonar en la segunda voz. La duración de una blanca con puntillo equivale a tres negras, por lo que las notas retardadas deben sonar durante todo el compás. A la cuenta de "uno", se pulsa la nota retardada y se mantiene pulsada durante dos tiempos más: "dos, tres". Y luego esta nota suena en la segunda voz durante todo el compás, los tres tiempos. Y mientras suena la nota retardada, se pulsan las notas de la primera voz con los dedos libres de la mano derecha y se toca la melodía principal. Observa los cambios de volumen que indican las notas.

125. EL GORRIÓN

Arreglado por J. Mercer

Con la mano derecha e izquierda, todas las negras deben tocarse en staccato, como si los gorriones saltaran sobre el asfalto. En los compases 3 y 7, toque el Fa sostenido con el segundo dedo de la mano derecha. En los compases 2, 4, 6, 8, 11 y 15, toque el pie de Fa sostenido de la octava menor con el quinto dedo de la mano izquierda, y en el último compás, el decimosexto, toque esta nota con el cuarto dedo.

126. CABARET
Basado en los bailes del cabaret parisino "Moulin Rouge"

Arreglado por J. Mercer

Alegremente

Esta pieza te resulta familiar, pero ahora la tocarás con un acompañamiento diferente. Observa qué grupos de notas están escritos: por cada negra en la mano derecha hay dos corcheas en la izquierda, y por cada blanca hay cuatro corcheas, conectadas por un travesaño común.

127. FERROCARRIL

Canción tradicional americana

Arreglado por J. Mercer

Vigorosamente

Los signos naturales en los compases 8 y 10 sirven solo para recordarte que los sostenidos que aparecieron en los compases 7 y 9 ya no son efectivos en el siguiente. Observa las notas dobles en los compases 11 y 12. La nota Mi bemol del compás 11 y la nota Re sostenido del compás 12 se tocan en la misma tecla negra. Por lo tanto, tocas ambas notas con el segundo dedo de la mano izquierda y presionas la misma tecla negra.

128. MELODÍA DE OTOÑO

Arreglado por J. Mercer

Tranquilamente

En el compás 13, toca la nota Fa sostenido con el segundo dedo de la mano derecha y, al mismo tiempo, coloca el primer dedo debajo del segundo con antelación para tocar la nota Sol a tiempo y con fluidez. La principal dificultad en esta pieza reside en cambiar los dedos de la mano izquierda a tiempo y correctamente para tocar las notas dobles del acompañamiento con uniformidad. La melodía es preciosa, ¡así que practica!

129. HUMPTY DUMPTY
Canción inglesa

Arreglado por J. Mercer

Alegremente

En esta pieza el tamaño de las medidas se indica mediante números: $\frac{3}{8}$, que se lee y se pronuncia - "tres octavos".

Las medidas con el tamaño de " $\frac{3}{8}$ " son muy similares a las medidas con el tamaño de " $\frac{3}{4}$ ". Éstas también son medidas triples y por lo tanto también se cuentan en tres tiempos: "uno, dos, tres". Pero el número "8" dice que en compases de tamaño " $\frac{3}{8}$ " se toma no una negra, sino una corchea. Por lo tanto, en estos compases, cada corchea se cuenta en un tiempo («uno») y cada negra en dos tiempos («uno, dos»). La negra con puntillo se cuenta en tres tiempos y suena en un compás completo.

A partir del compás 17, aparece una negra con puntillo, sol, y luego un fa, que debe ser interpretada por la segunda voz.

130. VALS TRADICIONAL CANADIENSE

Arreglado por J. Mercer

A ritmo de vals, con sentimiento

131. EN UN BUEN DÍA
De la ópera "Madame Butterfly"

Arreglado por J. Mercer

Lentamente, con sentimiento

132. PECES DE COLORES
Canción inglesa

Moderadamente y lentamente

Arreglado por J. Mercer

En esta pieza el tamaño de las medidas se indica mediante números: $\frac{6}{8}$, leer y pronunciar - "seis octavos". Esta es una medida compleja, que se obtuvo combinando dos medidas triples simples de $\frac{3}{8}$ cada uno:

Un compás de seis tiempos consta de seis tiempos. Cada tiempo es una corchea, que se cuenta en un tiempo: "¡Uno!". Todo el compás se cuenta en ese tiempo: "¡Uno, dos, tres, cuatro, cinco, seis!".

Los tiempos primero y cuarto de un compás de seis tiempos son fuertes, pero solo el cuarto es más débil que el primero. Sin embargo, los tiempos segundo, tercero, quinto y sexto de este compás son débiles, ya que eran débiles en sus compases de tres tiempos.

142

133. CANCAN
De la opereta "Orfeo en el inframundo"

Arreglado por J. Mercer

Rápido

134. EL VALS DE LA PEQUEÑA HADA

Arreglado por J. Mercer

A ritmo de vals, con ternura

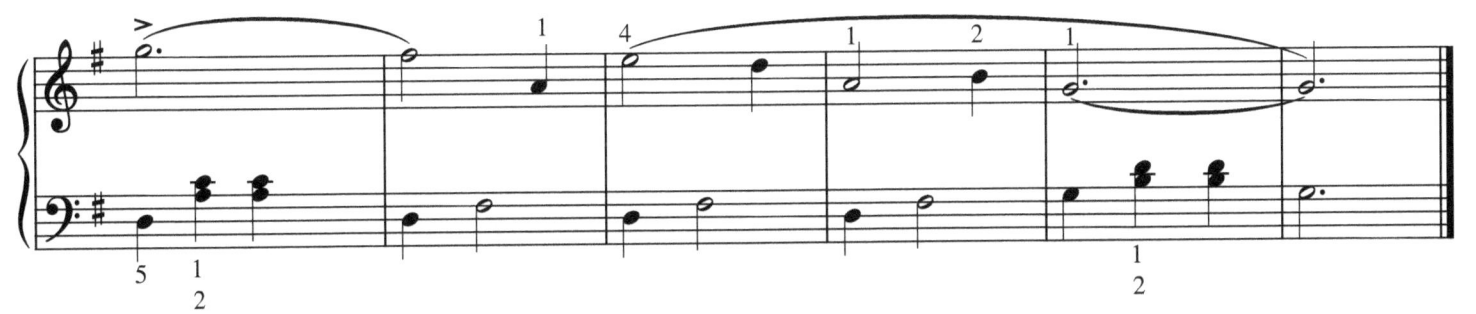

135. OSOS BAILARINES DE VALZ

Melodía popular alemana

Arreglado por J. Mercer

En tempo de vals

136. POLCA

Dinámico

Arreglado por J. Mercer

137. TA-RA-RA BOOM-DI-HEY!
Canción pop

Arreglado por J. Mercer

Alegremente

138. VALS-INTERMEZZO
De la opereta "La viuda alegre"

Arreglado por J. Mercer

139. O SOLE MIO

Canción italiana (napolitana)

Arreglado por J. Mercer

Cantando con gran sentimiento

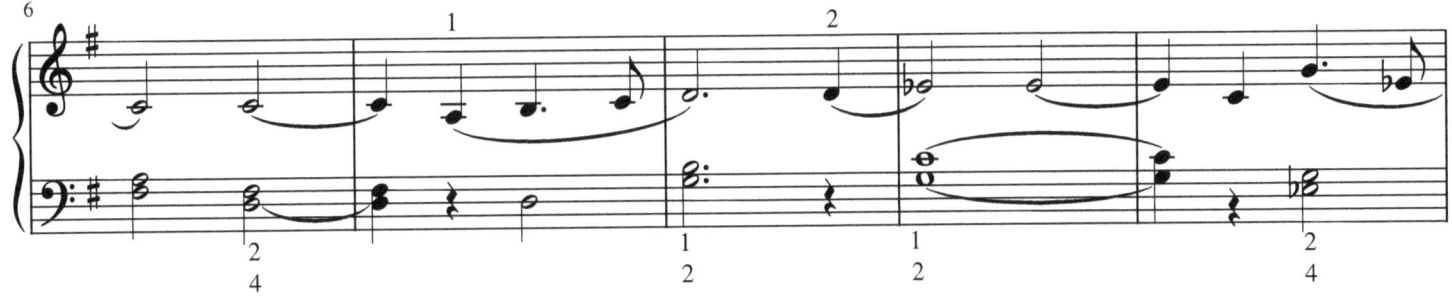

140. ACERAS DE NUEVA YORK

Fácil y divertido

Arreglado por J. Mercer

Manual de Piano para Principiantes: Aprenda a leer música y a tocar canciones famosas para piano. Manual educativo y metodológico.

Curso de Piano: 140 nuevas piezas para estudiantes de preparatoria, primero y segundo grado de escuelas infantiles de música: material didáctico / Autor-compilador: Julian Mercer.

«Curso de Piano" cumple con todos los requisitos de publicación para los grados inferiores de las escuelas infantiles de música como material didáctico.
"Curso de Piano" combina con éxito un método original de explicación de conceptos musicales fundamentales con un método moderno de enseñanza práctica del piano.
Una característica distintiva de "Curso de Piano" es su repertorio, compuesto por piezas y arreglos de música folclórica y original de países de Europa Occidental y Norteamérica.

ISBN 979-8-218-92942-8

¡Obtén tu libro de piano extra gratis!